MANUEL

DES

OFFICIERS DE L'ÉTAT CIVIL.

Conformément à la loi, cinq exemplaires ont été déposés. Ceux qui ne seront pas revêtus de la signature de l'auteur, seront contrefaits.

MANUEL

DES

Officiers de l'État Civil

Pour la Tenue des Registres.

CONTENANT 1° UN *COMMENTAIRE* EXPLICATIF SUR LES ARTICLES DU CODE QUI RÉGISSENT LA MATIÈRE; 2° LE *RECUEIL* DES LOIS, DÉCRETS, ORDONNANCES, AVIS DU CONSEIL D'ÉTAT, RELATIFS A L'ÉTAT CIVIL; 3° UN GRAND NOMBRE DE *FORMULES* POUR LA RÉDACTION DES ACTES.

OUVRAGE INDISPENSABLE AUX MAIRES,

PAR A.-E. LE MOLT,

SUBSTITUT DU PROCUREUR DU ROI, A CHAUMONT.

2.ᵉ ÉDITION.

A PARIS,

CHEZ WARÉE, PALAIS DE JUSTICE;

A CHAUMONT,

CHEZ DARDENNE, LIBRAIRE.

1827.

Introduction.

GRACE à l'active sollicitude de Monseigneur le Garde-des-Sceaux, l'Etat civil, en France, s'est bien amélioré depuis quelques années. C'est en effet aux sages et utiles instructions, publiées sous son ministère, que nous devons la bonne tenue que l'on remarque actuellement dans les Registres, et une meilleure rédaction des Actes. Cette partie si intéressante du service est aujourd'hui surveillée par les Procureurs du Roi, avec tant de soin et d'exactitude, qu'on doit raisonnablement espérer d'obtenir bientôt le point de perfection le plus désirable.

S'il existe encore des communes rurales dont les *Registres* présentent quelques contraventions ou irrégularités, il serait injuste d'en chercher la cause dans l'insouciance ou le peu d'aptitude des Officiers auxquels ils sont confiés. On ne peut, au contraire, accorder que des éloges aux bonnes intentions et au zèle dont ils font preuve pour seconder les vues de *Sa Grandeur*, et l'on doit ajouter, qu'à aucune époque, les registres de l'état civil n'ont été aussi bien tenus qu'ils le sont aujourd'hui. Peut-être pourrait-on désirer que les instructions qu'on adresse tous les ans aux Maires, et auxquelles il serait si nécessaire qu'ils se reportassent souvent, fussent plus fidèlement conservées dans les Municipalités, ou classées de manière à pouvoir y recourir au besoin ; ce que les localités ne permettent pas toujours de faire, surtout dans les Mairies de campagne, où il arrive quelquefois que des pièces importantes s'égarent ou sont enfouies de telle sorte qu'il est difficile d'en faire la recherche.

Le Manuel que nous présentons aujourd'hui aux Maires, contient, *en ce qui les concerne spécialement comme Officiers de l'état civil*, toute la législation sur la matière. Cet ouvrage, mis à la portée de tous, et auquel nous avons donné le moins d'étendue possible, renferme cependant tout ce qu'il est nécessaire que les Officiers de l'état civil connaissent. C'est un répertoire qu'ils pourront conserver sous leurs yeux, et consulter avec toute confiance comme un guide sûr et fidèle.

Cet ouvrage est divisé en trois Parties : la *première* contient tous les articles de notre Code, qui traitent de l'État civil, avec des annotations placées au-dessous de chaque article. Ces annotations ne sont autre chose qu'un commentaire à-peu-près complet sur la législation, qui intéresse les Maires pour la tenue des Registres et la rédaction des Actes ; ces Officiers y trouveront l'indication des Lois, Ordonnances, Arrêts, etc., rendus pour l'interprétation des articles auxquels ils se rapportent, ainsi que les opinions des législateurs et des auteurs sur les difficultés qui se présentent le plus souvent.

Le langage que nous employons dans ce commentaire est d'ordinaire le langage de la loi ou des commentateurs chez lesquels nous avons puisé tout ce qui nous a paru le plus propre à remplir le but de cet ouvrage. Notre travail s'est borné à réunir des extraits, à les lier, à en faire un tout qui n'eût rien de disparate. Tantôt nous avons cité mot-à-mot, tantôt nous avons abrégé les textes, ou bien nous leur avons donné plus d'étendue, pour que l'intelligence en fût plus facile à ceux qui sont chargés de les appliquer.

La *deuxième Partie* se compose du recueil des Lois, Décrets, Ordonnances, Avis du Conseil d'État, Décisions et Circulaires ministérielles, relatifs à l'État civil.

Enfin, la *troisième Partie* renferme un assez grand nombre de formules et de modèles d'actes, souvent sollicités par les Maires, et dont la plupart, rédigés par les ordres du Gouvernement, furent adressés le 25 Fructidor an 12 aux Préfets, pour être transmis aux Officiers de l'État civil.

L'Administration générale, en adoptant ces formules, n'a pas entendu en prescrire la rédaction littérale, de manière que l'emploi de toute autre fût interdit et pût compromettre la substance même des actes. Le Législateur a voulu éviter ces inconvéniens, en n'insérant point de formules spéciales dans le Code civil. Les modèles, qui terminent cet ouvrage, ont principalement pour objet d'offrir des guides à une classe nombreuse de fonctionnaires qui n'ont pas tous un égal degré d'expérience. Ils devront tenir lieu de conseils et non de préceptes, d'exemples et non de dispositions strictement obligatoires.

Nous espérons que ce Manuel élémentaire sera reçu avec intérêt de ceux auxquels il est destiné. S'il doit leur épargner bien des embarras et des recherches, il leur évitera aussi ces erreurs qui, bien qu'involontaires, n'en sont pas moins très-préjudiciables aux familles et aux personnes dont elles peuvent compromettre l'état, et qu'elles constituent malheureusement trop souvent dans des dépenses onéreuses nécessitées par la réparation des omissions, ou par la rectification des actes incomplets. Il les mettra encore à même de se prémunir contre ces contraventions qui, relevées chaque année par MM. les Procureurs du Roi, peuvent les exposer à de pénibles démarches, et quelquefois même à des peines plus ou moins graves. Enfin, il allégera la tâche souvent fastidieuse de la vérification des actes et des registres.

Si nous ne nous sommes pas abusé sur l'importance et les avantages de ce petit ouvrage; si l'État civil en obtient les améliorations que nous en attendons, nous serons bien récompensé de nos soins, par la pensée que nous aurons fait une chose utile,

MANUEL

DES

OFFICIERS DE L'ÉTAT CIVIL.

PREMIÈRE PARTIE.

CHAPITRE I.er

DISPOSITIONS GÉNÉRALES

Applicables à tous les Actes de l'état civil.

PREMIÈRE SECTION. — DES OFFICIERS DE L'ÉTAT CIVIL.

L'état des personnes est constaté en France par des Officiers publics que la loi a institués sous le nom *d'Officiers de l'état civil.*

Les Maires des communes reçoivent les déclarations relatives à l'état civil. Ils conservent les Registres qui constatent les Naissances, Mariages et Décès. — Il est fait défense à toutes autres personnes de s'immiscer dans la tenue des Registres et réception des Actes. (*Voyez la loi du 20 Septembre 1792 et l'art. 16 de celle du 28 Pluviôse an 8.*)

En cas d'absence ou empêchement légitime du Maire, il est remplacé par l'un des Adjoints à la Mairie.

Dans tous les lieux où un *Adjoint* est chargé de l'état civil, il fait les actes en son nom, quoique le Maire soit présent; mais il doit être, à cet effet, désigné spécialement par le Maire, seul administrateur et officier de l'état civil chargé du dépôt des registres et de la réception des actes.

Chaque acte dressé par un Adjoint, délégué par le Maire, doit commencer ainsi :

L'an.... par-devant nous N.... adjoint au Maire de la commune de........ département de........ auquel ledit Maire a délégué, par arrêté du........ les fonctions d'Officier de l'état civil de ladite commune, etc...

Le certifié d'un extrait d'acte délivré par un Adjoint, le Maire présent, doit contenir la même indication de la délégation.

Le Maire est remplacé de droit par l'Adjoint, toutes les fois qu'il est dans l'impossibilité de vaquer à ses fonctions, pour cause de maladie, d'absence, d'interdiction, ou par suite d'autres empêchemens. L'acte commence ainsi :

Par-devant nous N..... remplissant, en l'absence du Maire (ou pour toute autre cause d'empêchement), les fonctions de Maire et d'Officier de l'état civil de la commune de... etc. (Circulaire du 30 Juillet 1807.)

L'Adjoint qui supplée de droit le Maire, peut lui-même déléguer ses fonctions. Mais s'il agit d'après une délégation, il ne peut la transmettre à moins d'une autorisation formelle. Toutefois, le fonctionnaire qui délègue, n'en conserve pas moins le droit de recevoir les actes auxquels il jugerait à propos de vaquer, même pendant la durée de la délégation.

Si les Maire et Adjoint sont empêchés, le plus ancien membre du conseil municipal est appelé à les remplacer.

L'Officier de l'état civil ne peut recevoir un acte, toutes les fois qu'il est du nombre des personnes dont la déclaration, le consentement ou le témoignage sont requis pour sa validité.

Il doit donc s'abstenir également de recevoir aucun acte dans lequel il serait témoin ou déclarant et de constater la naissance, le mariage, le décès de ses enfans. Mais cette dernière incompétence, qui résulte de la qualité de père, il ne faudrait pas l'étendre indistinctement aux actes concernant tous les parens et alliés de l'Officier de l'état civil ; autrement il se trouverait empêché la plupart du temps, surtout dans les campagnes, et la loi ne l'exige point. (*Lettre du Garde des sceaux, du 21 Juillet 1818.*)

L'Officier public ne peut dresser d'office aucun acte de l'état civil. Mais si des naissances ou décès ne lui étaient pas déclarés et qu'il en eût connaissance, il serait de son devoir d'en instruire sur le champ le Procureur du Roi, afin que ce magistrat pût pourvoir à ce que la naissance ou le décès fût constaté, et en même temps poursuivre l'application des peines qui pourraient avoir été encourues.

Le Chancelier de France remplit, par rapport au Roi, aux Princes et Princesses de sa maison, les fonctions attribuées par les lois aux Officiers de l'état civil. (*Ordonnance du 23 Mars 1816.*)

DEUXIÈME SECTION. — DES ACTES.

(Articles 34 , 35 , 36 , 37 , 38 et 39 du Code civil, titre 2.)

§ Ier *Énonciations exigées dans les Actes.*

ART. 34. — Les actes de l'état civil énonceront l'année, le jour et l'heure où ils seront reçus , les prénoms, noms, âge, profession et domicile de tous ceux qui y seront dénommés.

Cet article détermine les énonciations communes à tous

les actes de l'état civil. C'est l'*année*, le *jour* et l'*heure* où ils seront reçus, les *prénoms*, *noms*, *âge*, *profession* et *domicile* de tous ceux qui y seront dénommés ; mais il n'indique pas tout ce que les actes doivent contenir : il est nécessaire que chaque espèce d'acte relate les faits et les circonstances que, par sa nature, il est destiné à prouver : les actes de *Naissance*, le fait et les circons-tances qui attestent l'existence nouvelle d'un enfant et sa filiation ; les actes de *Mariage*, l'accomplissement de toutes les conditions dont le mariage dépend ; les actes de *Décès*, le fait de la mort et la personne décédée.

Les énonciations *particulières* aux actes de chaque nature trouveront place dans les chapitres suivans.

L'Officier de l'état civil doit mettre le plus grand soin à inscrire sur les registres les actes qu'il reçoit selon l'ordre de leur *date*. On remarque, rarement à la vérité, quelques communes où les Maires tiennent leurs registres avec si peu de soin, que certains actes ont une date antérieure à ceux qui les précèdent. Cette in-terversion, qui peut amener des désordres et des embar-ras, prouve une négligence grave.

On ne doit point omettre l'indication de l'*heure*. Cette négligence, contraire à la loi, peut être nuisible dans beaucoup de circonstances, comme en cas de décès pour les successions, et en cas de mariage pour les oppo-sitions.

Aucun citoyen ne peut porter de nom ni de prénom autres que ceux exprimés dans son acte de naissance, ni ajouter aucun surnom à son propre nom. Il est défendu à tous fonctionnaires publics de désigner les personnes dans les actes autrement que par leur nom de famille et les prénoms portés en leur acte de naissance. (*Lois des 9 Fructidor an 2 et 19 Nivôse an 6.*)

Profession et Qualités. Si l'une des parties est sans profession, l'Officier de l'état civil doit en faire mention et l'exprimer ainsi : *Sans profession.*

L'art. 71 de la Charte ayant rétabli l'ancienne noblesse dans ses titres, et maintenu la nouvelle dans les siens, ces titres ne doivent point être omis lorsqu'ils sont déclarés.

La qualité de membre de la Légion-d'honneur étant une preuve très-honorable des services rendus à l'état, les Officiers de l'état civil doivent apporter la plus grande exactitude à en faire mention dans leurs actes, toutes les fois qu'il y a lieu. (*Circulaire du Ministre de la justice, du 3 Juin 1807.*)

Il y a même raison de décider relativement aux membres des autres ordres royaux et militaires reconnus.

§ II. *Énonciations interdites dans les Actes.*

Art. 35. — Les Officiers de l'état civil ne pourront rien insérer dans les actes qu'ils recevront, soit par note, soit par énonciation quelconque, que ce qui doit être déclaré par les comparans.

Cet article, qui proscrit les énonciations inutiles, repose sur deux règles qu'il est bien important d'observer :

La première, que les Officiers de l'état civil ne peuvent rien ajouter aux énonciations des comparans ;

La deuxième, qu'ils ne peuvent insérer dans les actes, les énonciations même des comparans, à moins qu'elles ne soient du nombre de celles que la loi autorise.

Première règle. Les Officiers de l'état civil ne doivent pas perdre de vue que, n'ayant aucune juridiction, ils n'ont qu'un ministère passif à remplir. Ils ne sont pas juges ; ils sont greffiers, commissaires enquêteurs. Dès-lors aucune déclaration de leur chef, aucune énonciation, aucune note ne leur est permise. Ils ne doivent faire aucune interpellation, ni recherche, ni inquisition sur des faits qui ne doivent pas être consignés, ou sur la vérité des déclarations faites par les parties ; leur ministère se borne à recevoir ces déclarations, lorsqu'elles sont conformes à la loi ; ils n'ont le droit ni de les commenter ni de les contredire ni de les juger ; ils ne peuvent les affaiblir ou les contrarier.

La deuxième règle a pour but de garantir les actes des atteintes que peuvent y porter les comparans eux-mêmes par des assertions vagues ou infidelles, dictées par la passion ou l'intérêt personnel. On doit réduire les déclarations aux faits que la loi veut faire consigner dans les actes, et il est interdit aux Officiers de l'état civil d'en recevoir de plus étendues.

Ainsi, lorsque l'enfant qui est présenté à l'Officier de l'état civil sera né de parens qu'on lui dit mariés, il le déclarera ; s'il est né hors du mariage, d'un père qui l'avoue, il le déclarera : s'il est né hors du mariage, d'un père qui ne l'avoue pas, il ne fera pas mention du père : car ce qui *doit être déclaré* par les parties, c'est un père certain, ou par le mariage ou par son aveu ; ce n'est point un père qui se cache et dont la loi ne permet point la recherche.

Enfin, on ne doit point admettre des déclarations surabondantes, des expressions oiseuses dont le résultat est toujours de nuire à la clarté de l'acte, et quelquefois de faire perdre de vue les faits essentiels.

§ III. *Manière dont les parties pourront comparaître.*

Art. 36. — Dans le cas où les parties intéressées ne seront point obligées de comparaître en personne, elles pourront se faire

représenter par un fondé de procuration spéciale et authentique.

Cet article qui accorde aux parties la faculté de se faire représenter par des fondés de pouvoirs, ne la donne pas aux futurs époux qui doivent comparaître à l'acte en personne.

Il en est de même des déclarans et des témoins, qui ne pourraient attester par le ministère d'un tiers, un fait à leur connaissance personnelle.

Forme de la Procuration. Elle doit être authentique ; c'est-à-dire passée devant notaire en présence de témoins, et revêtue de la légalisation de la signature de l'Officier public qui l'a reçue.

§ IV. *Des témoins appelés aux Actes.*

Art. 37. — Les témoins produits aux actes de l'état civil ne pourront être que du sexe masculin, âgés de vingt-un ans au moins, parens ou autres, et ils seront choisis par les personnes intéressées.

L'acte de naissance doit être rédigé en présence de deux témoins sur la révélation d'un déclarant.

Celui de mariage, en présence de quatre témoins.

Enfin, l'acte de décès, sur la déclaration de deux témoins.

L'article 37 qui exige dans les *témoins* les deux qualités de majeur et de masculinité, n'impose pas aux *déclarans* les mêmes conditions: ces derniers peuvent être indistinctement choisis parmi les hommes et les femmes. L'article 56 du Code civil fait un devoir aux sages-femmes de la déclaration qu'il prescrit, et l'article 58 se sert aussi d'expressions générales qui comprennent les deux sexes.

Ne peuvent être témoins dans les actes, le mort civilement, le condamné à une peine afflictive et infamante, pendant et après sa condamnation, et le condamné correctionnellement auquel l'exercice des droits civils aura été interdit dans les cas déterminés par la loi.

Il importe de ne pas confondre les *parties* avec les *déclarans* ou les *témoins* : car la loi exigeant, pour chaque espèce d'actes, un nombre déterminé de personnes, l'acte pourrait se trouver dépourvu du concours d'une de ces personnes dont l'assistance est nécessaire à sa régularité. Ainsi, il est évident que toute partie dans un acte ne peut y être témoin, puisqu'elle ne peut se servir de témoin à elle-même.

C'est donc à tort que des Maires, en cas de déclaration par le père de la naissance d'un enfant, n'exigent point de témoins ; que, plus fréquemment pour le mariage, ils considèrent la mère ou l'aïeule comme des témoins.

Les étrangers peuvent être admis, comme témoins déclarans, dans les actes de l'état civil.

Il se pourrait qu'un déclarant, étranger de nation ou absolument inconnu, ne trouvât pas de témoins. Dans ce cas, après s'être parfaitement assuré de la réalité du fait, l'Officier de l'état civil recevra toujours la déclaration, en mentionnant les causes qui auraient pu empêcher de produire des témoins. Si cet acte irrégulier était attaqué, les tribunaux statueraient.

Il se pourrait encore que le déclarant qui n'a aucune voie de réquisition sur ceux dont il désire se faire assister, éprouvât un refus de la part des personnes qui auraient été témoins de l'événement, à constater : alors il serait du devoir de l'Officier de l'état civil d'en donner avis au Procureur du Roi. Ce magistrat requerrait ce que de

droit, et les témoins pourraient être appelés juridique-
ment à déposer de ce qui serait à leur connaissance.

Un usage blâmable est celui de certains Officiers qui,
n'exigeant point de la part des déclarans qu'ils soient assistés de témoins, font ensuite signer, en cette qualité, les
actes par des personnes qui sont à leur disposition.

Ils commettent un faux en énonçant comme présens
des témoins qui ne le sont point : ils dépouillent l'acte du
témoignage qui doit assurer sa sincérité, et ouvrent la
porte à une foule de plaintes et d'abus.

§ V. *De la Lecture de l'Acte.*

ART. 38. — L'Officier de l'état civil donnera lecture des actes aux
parties comparantes, ou à leur fondé de procuration, et aux
témoins.

Il y sera fait mention de l'accomplissement de cette formalité.

On ne peut trop recommander aux Officiers de l'état
civil de ne point omettre, immédiatement après la rédaction de l'acte et avant qu'il soit signé, d'en faire la lecture aux parties et de veiller à ce qu'elle soit entendue
avec la plus grande attention. C'est un moyen de vérifier
les énonciations que renferme l'acte et en même temps
de reconnaître les erreurs qui ont pu échapper au milieu
d'une rédaction souvent interrompue par des questions.
L'Officier public relatera, à la fin de l'acte, que cette
formalité a été remplie.

La mention de la lecture doit clore l'acte, et non,
comme il se pratique souvent, précéder l'énonciation de
l'apposition des signatures. Cette mention, faisant partie
de l'acte, ne peut être passée sous silence, et elle est une
nouvelle interpellation qui n'est pas sans utilité, dans
quelques circonstances.

§ VI. *De la Signature de l'Acte.*

Art. 39. — Ces actes seront signés par l'Officier de l'état civil, par les comparans et les témoins; ou mention sera faite de la cause qui empêchera les comparans et les témoins de signer.

Les actes doivent être signés de tous ceux qui ont concouru à leur confection, ainsi :

L'acte de *naissance*, sera signé du déclarant, des deux témoins et de l'Officier de l'état civil.

Les deux actes de *publications de mariage*, de l'Officier de l'état civil seulement.

L'acte de *mariage*, des contractans, des pères et mères, ou, à leur défaut, des autres personnes dont le consentement est requis, des quatre témoins et de l'Officier de l'état civil.

Enfin, l'acte de *décès* doit être signé des deux témoins déclarans et de l'Officier de l'état civil.

Les Officiers de l'état civil doivent signer et faire signer les actes qu'ils reçoivent à l'instant même de leur rédaction, et ne pas attendre que plus tard l'une ou plusieurs des parties se trouvent dans l'impossibilité de remplir une formalité aussi essentielle. L'absence de la signature de l'une des parties peut au reste faire supposer que sa présence a été faussement attestée dans l'acte.

Troisième Section. — Des Registres.

(Articles 40, 41, 42, 43, 44, 45, et 49 du Code civil.)

§ I.er *De la Forme et du Nombre des Registres.*

Art. 40. — Les actes de l'état civil seront inscrits, dans chaque commune, sur un ou plusieurs registres tenus doubles.

Les registres, ainsi que les feuilles supplémentaires,

doivent être sur papier timbré, sous peine, contre l'Officier public, d'une amende de trente francs et du dixième en sus pour chaque acte transcrit en contravention. (*Loi du 13 Brumaire an VII.*) Les registres doivent être reliés. (*Circulaire du 31 Décembre 1823.*)

L'inscription des actes doit avoir lieu à la fois sur les deux registres. Il faut que, sans désemparer, ils soient signés par les comparans, les témoins et l'Officier public.

On ne peut considérer l'un des registres comme la copie de l'autre; tous les deux sont originaux ou registres-minute; ils doivent être absolument semblables, et présenter, mot pour mot, les mêmes inscriptions.

Les registres ne peuvent être déplacés que dans deux cas : lorsque l'Officier public est obligé de se transporter hors de la maison commune, ou lorsque leur apport en justice est ordonné.

Le nombre des registres étant un objet purement réglementaire, il appartient au Gouvernement de décider si les actes seront inscrits sur un ou plusieurs registres tenus doubles. Dans les lieux où la population n'est pas très-étendue, la division des registres en plusieurs parties serait plus embarrassante qu'utile ; mais dans les grandes villes où la rédaction des actes est très-multipliée, ils peuvent être inscrits sur deux ou plusieurs registres tenus doubles.

Les actes de publications de mariages sont inscrits sur un registre unique qui doit être adressé au greffe du tribunal de première instance avec le double des registres de naissances, mariages et décès.

Il n'est rien dû aux Officiers de l'état civil pour la rédaction des actes et leur inscription sur les registres. (*Voy. l'art. 4 du Décret du 12 Juillet 1807.*)

§ II. *Du Paraphe des Registres.*

Art. 41. — Les registres seront cotés par première et dernière, et paraphés sur chaque feuille, par le Président du tribunal de première instance, ou par le juge qui le remplacera.

Cette disposition fort sage tend à prévenir l'intercalation ou la soustraction des actes ; en sorte que s'il se trouvait dans les registres qu'on adresse aux Maires, une ou plusieurs feuilles qu'on aurait omis de coter et de parapher, ces derniers doivent s'empresser de les retourner au greffe du tribunal de première instance pour les faire revêtir de cette formalité, ou mieux encore de les bâtonner, et exprimer la cause pour laquelle elles demeurent en blanc.

§ III. *De l'Inscription des Actes en entier.*

Art. 42. — Les actes seront inscrits sur les registres, de suite, sans aucun blanc. Les ratures et les renvois seront approuvés et signés de la même manière que le corps de l'acte. Il n'y sera rien écrit par abréviation, et aucune date ne sera mise en chiffres.

Cet article, qui détermine la forme dans laquelle les registres seront tenus, contient quatre dispositions principales :

1.° *Les actes seront inscrits de suite, sans aucun blanc*, c'est-à-dire, qu'ils seront rédigés à la suite l'un de l'autre, sans aucun intervalle que l'espace nécessaire pour les signatures des parties, qui doivent être apposées au bas des actes immédiatement après leur inscription sur les registres. Ils ne doivent contenir ni alinéa ni interligne, ni insertion entre les mots, ni portions de lignes non écrites dans ou entre les actes, dont la malveillance pourrait abuser, en faisant usage des *blancs* ménagés pour y intercaler, après coup, des additions de mots, dates ou noms, de nature à compromettre l'état des personnes.

Quelquefois des Officiers laissent en blanc la page en tête de laquelle se trouve le procès-verbal constatant que le registre a été coté et paraphé, et ne portent qu'au verso du même feuillet le premier de leurs actes. D'autres, lorsqu'un acte ne doit pas remplir entièrement la page sur laquelle il est écrit, l'inscrivent sur la page suivante. Ces pratiques sont autant de contraventions à la loi.

2.° *Les ratures et les renvois seront approuvés et signés de la même manière que le corps de l'acte ;* c'est-à-dire, seront approuvés par la signature *en toutes lettres* de toutes les parties, et non par abréviation.

Si l'acte n'a pas encore été signé, l'Officier de l'état civil doit comprendre à la suite les renvois approuvés que nécessitent les corrections d'erreurs ou d'omissions, qui s'y glissent assez souvent. Dans le cas contraire, il doit les porter en marge, et non les ajouter après coup entre la dernière ligne de l'acte et les signatures des parties ; irrégularité qu'on remarque assez fréquemment lors de la vérification des actes.

La mention de l'approbation d'une rature ne doit pas être vague, comme par exemple : *Approuvé la rature ou les ratures à telle ou telle ligne ;* il faut au contraire qu'elle exprime le nombre de mots rayés; ainsi on dira : *Approuvé un ou tant de mots rayés à telle ou telle ligne.* Il serait même convenable, quand il n'y a que quelques mots raturés, de les répéter en entier dans le renvoi.

Aucun mot ne doit être surchargé. Il vaut mieux le biffer par un trait de plume qui permette néanmoins de le lire, et le reporter à la fin de l'acte, ou en marge, par un renvoi approuvé.

3.° *Il n'y sera rien écrit par abréviation.* On remarque souvent dans les actes que les prénoms des témoins ne sont pas écrits en toutes lettres ; ainsi l'on voit *P.*^{re} pour *Pierre,* *A.*^{ne} pour *Antoine,* etc. Ces abréviations, ainsi que toutes autres, sont rigoureusement interdites dans les actes.

Il faut avoir le soin d'écrire les noms propres en *ronde* ou en *bâtarde,* afin de les distinguer du corps de l'acte et en faciliter la recherche sur les registres.

4.° *Aucune date ne sera mise en chiffres.* La date de l'acte surtout doit être exprimée *en toutes lettres ;* il y aurait peut-être moins d'inconvénient à ce que les autres dates, comprises dans le corps de l'acte et rappelant une époque étrangère, fussent indiquées par chiffres seulement ; mais l'article ne distingue point : toutes les dates seront exprimées en *toutes lettres.*

Aucune de ces formalités ne doit paraître inutile ou minutieuse, si l'on considère combien il est important que les actes de l'état civil ne contiennent rien que de certain et de vrai, et qu'ils soient mis, par tous moyens possibles, à l'abri des altérations et des faux.

§ IV. *De l'Inscription des Actes par extrait.*

Art. 49. — Dans tous les cas où la mention d'un acte relatif à l'état civil devra avoir lieu en marge d'un autre acte déjà inscrit, elle sera faite, à la requête des parties intéressées, par l'Officier de l'état civil, sur les registres courans ou sur ceux qui auront été déposés aux archives de la commune et par le greffier du tribunal de première instance, sur les registres déposés au greffe ; à l'effet de quoi l'Officier de l'état civil en donnera avis, dans les trois jours, au Procureur du Roi près ledit tribunal, qui veillera à ce que la mention soit faite d'une manière uniforme sur les deux registres.

Cet article, placé ici par anticipation, hors de l'ordre naturel des chiffres, y doit trouver cependant sa place, faisant partie de ceux qui déterminent la forme dans laquelle les registres doivent être tenus.

Il indique, 1.° les personnes à la requête de qui la mention d'un acte porté en marge d'un autre déjà inscrit, pourra être faite ; ce sont *les parties intéressées.*

La mention peut aussi avoir lieu d'office, par exemple : si l'acte de naissance de l'enfant naturel se trouvait déjà sur les registres de l'Officier devant lequel il vient à être reconnu. — Si cet Officier n'est plus dépositaire des deux registres, il doit en donner avis au Procureur du Roi.

2.° Il veut que cette mention soit portée en marge de l'acte qu'elle concerne, sur tous les registres où elle est nécessaire, et insérée également sur les deux doubles registres, qu'ils soient courans ou qu'ils aient été déposés conformément à l'art. 43.

3.° Il détermine par quels Officiers elle sera faite : ce sont ceux entre les mains de qui chaque espèce de registres se trouve : l'Officier de l'état civil, pour les registres courans ; le greffier du tribunal de première instance, pour les registres déposés.

La mention doit être datée et signée par l'Officier civil. Il la porte à la marge de l'acte, laquelle est ordinairement du quart de la largeur du registre. Si cette marge était déjà remplie par une mention précédente, il l'inscrirait, par un renvoi de lui approuvé, soit au haut, soit au bas de la page où se trouverait l'acte.

4.° Enfin, comme foi est due également aux deux registres, et que par suite, s'il y avait quelques variations entre la mention qu'ils énoncent, il pourrait en résulter une incertitude capable de compromettre l'état des citoyens, l'article 49 prévient cet inconvénient, en chargeant l'Officier de l'état civil d'avertir, *dans les trois jours,* le Procureur du Roi, qui doit veiller à ce que la mention soit faite sur les deux registres d'une manière uniforme.

§ V. *De la Clôture et du Dépôt des Registres.*

Art. 43. — Les registres seront clos et arrêtés par l'Officier de l'état civil, à la fin de chaque année ; et, dans le mois, l'un des doubles sera déposé aux archives de la commune, l'autre au greffe du tribunal de première instance.

Le lendemain du dernier jour de chaque année expirée, c'est-à-dire le 1.ᵉʳ Janvier suivant, les registres de naissances, publications, mariages et décès, doivent être clos et arrêtés par l'Officier de l'état civil, et ce, immédiatement à la suite du dernier acte inscrit dans chaque registre.

L'acte de clôture doit être placé sur chaque registre, immédiatement après le dernier acte qu'il contient, et sans laisser aucun blanc ; il peut être ainsi rédigé : *Clos et arrêté par nous N.... Officier de l'état civil de la commune de........ pour l'année 18..... ce jourd'hui 1.ᵉʳ Janvier 18....*

(Suit la signature de l'Officier de l'état civil.)

Un registre resté en blanc n'en est pas moins à clore et à arrêter, en rapportant la formule immédiatement après le préambule du paraphe, et en relatant qu'il n'y a eu dans l'année aucun acte à inscrire.

Beaucoup de Maires négligent de se conformer à ce que prescrit la seconde disposition de l'art. 43, relativement au dépôt du double des registres qu'ils doivent effectuer, *dans le mois*, au greffe du tribunal de première instance. On est souvent obligé de leur rappeler leur peu de mémoire à cet égard. Ce manque d'exactitude apporte, dans le travail de la vérification des *registres*, des rétards et embarras toujours préjudiciables à leur bonne tenue.

Le dépôt aux archives n'a lieu que dans les grandes communes où il en existe. Ailleurs, les registres ne changent pas de place; ils restent à la maison commune, et le Maire continue d'en être responsable.

Avant l'ordonnance royale du 14 Décembre 1825, c'était par la voie administrative, et sans frais pour le greffier, que les Officiers de l'état civil faisaient parvenir au greffe le double des registres qui doit y être déposé. Mais aujourd'hui ils peuvent les adresser directement au Procureur du Roi, *sous bandes croisées et contre-signées.*

Voyez, à la fin du chapitre, ce qui est dit à la section : *Tables annuelles et décennales.*

§ VI. *Du Dépôt des Pièces.*

Art. 44. — Les procurations et les autres pièces qui doivent demeurer annexées aux actes de l'état civil, seront déposées, après qu'elles auront été paraphées par la personne qui les aura produites, et par l'Officier de l'état civil, au greffe du tribunal, avec le double des registres dont le dépôt doit avoir lieu audit-greffe.

On doit joindre aux registres toutes espèces de pièces produites relatives aux actes , telles que *procurations* , *actes de naissance des époux* , ou *actes de notoriété* qui ont pour objet d'y suppléer, les certificats de *publications*, les actes de *consentement* des pères et mères non présens au mariage, ou leur acte de *décès*, les actes d'*oppositions*, de *main-levée d'opposition*, etc.

Ces pièces , faisant partie du registre , doivent, comme les actes , être certifiées par le paraphe de la personne qui les produit et par celui de l'Officier de l'état civil.

Si la personne qui produit les pièces ne pouvait apposer son paraphe, mention serait faite de la cause qui l'aurait empêchée de remplir cette formalité. Les témoins en sont dispensés; ils ne font qu'attester l'acte même.

Il doit être fait un bref inventaire des registres et pièces, au pied duquel le greffier ou l'archiviste de la commune, s'il en existe un, donne sa décharge à l'Officier de l'état civil, qui opère le dépôt.

Cet inventaire énonce l'espèce de registres, ainsi que leur nombre et celui des pièces déposées à l'appui de chaque registre.

Le greffier doit se borner à constater le dépôt par une mention ou transcription sur un registre tenu à cet effet. Il ne lui est dû aucun droit pour le dépôt des registres et pièces y annexées. (*Circulaire ministérielle du 24 Septembre* 1808.)

Pour faciliter la vérification des actes, il est nécessaire que les Officiers de l'état civil annexent, à côté de chaque acte, les pièces qui le concernent, en ayant soin de les attacher entre elles et de rappeler, par une mention abrégée, l'acte auquel elles se réfèrent; par exemple : *pièces produites dans l'acte*, n.°…

§ VII. *Des Extraits des Registres.*

Art. 45. — Toute personne pourra se faire délivrer, par les dépositaires des registres de l'état civil, des extraits de ces registres. Les extraits délivrés conformes aux registres, et légalisés par le Président du tribunal de première instance, ou par le juge qui le remplacera, feront foi jusqu'à inscription de faux.

Les registres et les actes de l'état civil ne sont établis que pour fournir aux citoyens une preuve irréfragable de leur état; ils seraient inutiles, si les faits qui en résultent avaient besoin d'être appuyés par d'autres titres. Les ex--

traits qui en sont délivrés doivent donc opérer la con-viction légale la plus parfaite, quand ils sont certifiés con-formes aux registres, et que la signature du dépositaire est légalisée.

Les actes de l'état civil n'appartenant pas seulement aux parties et à leurs familles, mais aussi à la société en-tière, les registres où ils sont inscrits et conservés, doi-vent être ouverts à tout le monde, et chacun en peut prendre communication et en demander des extraits. Ces extraits ne peuvent être délivrés que par le fonction-naire public dépositaire des registres, et non par les em-ployés des mairies, se qualifiant de *secrétaires*, lesquels, n'ayant point de caractère public, ne peuvent rendre authentique aucun acte, aucune expédition ni aucun extrait des actes de l'autorité.

Néanmoins, doivent être considérés comme authen-tiques, sauf les inscriptions en faux, les extraits des re-gistres de l'état civil délivrés par ces employés depuis la loi du 28 *Pluviôse* an VIII, et légalisés avant la publi-cation *de l'avis du conseil d'état*, du 2 Juillet 1807. (*Voyez cet avis.*)

Le *décret du* 12 *Juillet* 1807, rapporté dans cet ou-vrage, fixe l'indemnité accordée aux Officiers de l'état civil pour la délivrance des extraits.

Les extraits d'actes ne peuvent être délivrés en forme de *certificat*, d'*appert* ou autrement. Le mot *extrait* s'applique aux registres et non aux actes, dont ils doivent être la copie littérale. Ils ne peuvent, non plus que les actes, contenir aucuns blancs, surcharges, ni dates en chiffres.

Les greffiers des tribunaux de première instance, étant aussi dépositaires des registres de l'état civil, peuvent dé-livrer des extraits des registres dont les doubles sont déposés dans leurs greffes. C'est à eux qu'il faut s'adresser pour faire légaliser ces extraits par le Président du tribunal ou le juge qui le remplace.

La *légalisation*, qui a pour but principal d'attester la vérité de la signature, est un certificat délivré par le juge, au pied de l'extrait, constatant que celui qui a reçu ou délivré l'acte est réellement revêtu de la fonction qui lui donne le droit de le délivrer. Elle est surtout exigée lorsque l'extrait de l'acte est produit hors de l'arrondissement où il a été délivré.

Les extraits des actes, rectifiés conformément à l'article 101 du Code civil, doivent porter en marge la mention expresse de leur rectification. (*Avis du conseil d'état du 4 Mars* 1808.) Ils doivent aussi comprendre les mentions qui se trouveraient en marge de l'acte, comme celles d'une reconnaissance d'enfant, d'un jugement de rectification, etc.

Quatrième Section. — Manière de suppléer aux preuves qui devraient résulter des actes et des registres.

(Articles 46, 47 et 48 du Code civil.)

§ I.er   *Cas où il n'existe pas de Registres.*

Art. 46. — Lorsqu'il n'aura pas existé de registres, ou qu'ils seront perdus, la preuve en sera reçue tant par titres que par témoins; et, dans ces cas, les mariages, naissances et décès, pourront être prouvés tant par les registres et papiers émanés des pères et mères décédés, que par témoins.

Quelque précaution que prenne la loi pour assurer aux citoyens l'avantage de prouver leur état par des registres, les circonstances cependant peuvent les en priver, ou parce qu'il n'a pas été tenu de registres, ou parce que ceux qui ont été tenus sont perdus.

Il était donc nécessaire d'offrir une ressource supplé-
tive à la personne qui veut établir son état à défaut de
registres qui n'ont jamais existé ou qui ont été perdus.

Dans ce cas, la loi met à la charge de la partie de faire
preuve, tant par titres que par témoins, de la non existence des registres, après quoi elle veut qu'on ait égard
aux registres et papiers émanés des pères et mères décédés, et fortifiés de la preuve testimoniale.

Il peut arriver qu'un des registres ou que tous les deux
soient perdus. Au premier cas, on aura recours au registre encore subsistant. Cependant, pour prévenir les inconvéniens de la perte de ce registre, et ne pas laisser de
lacune dans le dépôt où il manque, il est bon d'en faire
une copie exacte. Afin qu'elle présente le plus de garantie
possible, elle doit être portée sur un registre préalablement coté et paraphé par le Président du tribunal de première instance, puis être collationné par lui sur l'original.
On mentionnera, en tête de ce registre, qu'il n'est qu'une
copie, afin que les extraits à en délivrer énoncent qu'ils
ne sont pas tirés du registre original. Les Procureurs du
Roi apposeront leur visa sur ce nouveau registre, après
avoir comparé la copie à son original. (*Circulaire du Chancelier de France, du 4 Novembre 1814.*)

Voyez, pour le second cas, où il n'a pas été tenu de
registres, ou lorsqu'ils ont été perdus, la même circulaire
rapportée à sa date à la seconde partie de cet ouvrage.

La dépense des nouveaux registres est à la charge des
communes auxquelles ces registres appartiennent ; et,
pour leur confection, il est accordé une rétribution au
greffier, à raison de 20 centimes par acte transcrit. (*Circulaire du Ministre de l'intérieur, du 6 Août 1817.*)

Cette dépense est portée dans les budgets des communes,
sur les aperçus qui sont fournis par les greffiers ; aperçus

soumis préalablement aux Procureurs du Roi, lesquels jugent les réductions dont ils seraient susceptibles.

Les nouveaux registres sont faits sur papier libre. (*Décision du Ministre des finances, du 14 Avril 1817, art. 75 de la loi du 25 Mars 1817.*)

L'ordonnance du Roi, du 9 Janvier 1815, a établi une exception aux règles ordinaires, en faveur de la ville et arrondissement de Soissons, dont les registres ont été perdus ou détruits. Il serait à désirer que les dispositions de cette ordonnance fussent généralisées pour le reste de la France.

(Voyez, rapportés à la 2.ᵉ partie, *les avis du conseil d'état*, des 13 Nivôse an X, 12 Brumaire an XI, 30 Frimaire an XII et l'ordonnance du 9 Janvier 1815.)

La loi du 13 Janvier 1817 indique la manière de procéder à la preuve testimoniale du décès des militaires, quand il n'y a pas eu de registres.

§ II. *Cas où l'Acte n'a pas été consigné sur les Registres.*

Lorsque les deux doubles registres existent, et que des actes portés sur l'un ont été, *par négligence*, omis sur l'autre, ou que des feuillets ont été déchirés sur l'un des deux seulement, on peut inscrire sur le double imparfait les actes qui y manquent et qui existent sur l'autre, pourvu cependant que l'authenticité n'en soit point équivoque. Dans ce cas, l'Officier public doit opérer la transcription à la suite du dernier acte qui se trouve sur le registre, apposer sa signature seule, s'il ne peut se procurer celle des parties et des témoins ; et enfin, comme l'acte rapporté sera à une date différente de celle qui lui appartient, faire, à la date sous laquelle il devrait se trouver sur le registre, une mention de renvoi qui en facilite la recherche.

Hors cette circonstance particulière, l'intercalation de feuillets à la place de ceux déchirés, ou l'insertion d'actes omis, sur l'un des doubles, doivent être faites en vertu d'un jugement du tribunal, sur les demandes du Procureur du Roi. Les feuillets ajoutés et les actes insérés doivent être visés et certifiés par le Président et le Procureur du Roi, avec mention de la cause de leur insertion faite ainsi après coup. On doit indiquer cette omission par une mention signée de ces deux magistrats, portée à la date à laquelle aurait dû être inscrit l'acte manquant. (*Circulaire du 14 Février 1818.*)

§ III. *Des Actes rédigés en pays étranger.*

Art. 47. — Tout acte de l'état civil des Français et des étrangers, fait en pays étranger, fera foi, s'il a été rédigé dans les formes usitées dans ledit pays.

Art. 48. — Tout acte de l'état civil des Français en pays étranger sera valable, s'il a été reçu, conformément aux lois françaises, par les agens diplomatiques ou par les consuls.

Il arrive que des Français naissent, se marient ou meurent en pays étranger ; ils ont deux manières de constater leur état civil ; la première, en justifiant d'un acte rédigé dans les formes usitées dans le pays où il a été fait ; la seconde, en produisant un acte reçu, conformément aux lois françaises, par les agens diplomatiques ou par les consuls de France.

On a demandé si les actes de l'état civil des Français, reçus dans l'étranger par les agens diplomatiques ou commerciaux, devaient être reportés sur les registres tenus en France, afin que ces registres continssent tout ce qui concerne l'état civil des Français? Cette question, qui a été discutée par les orateurs du Gouvernement, a été résolue négativement, sur l'observation qu'il serait impossible de reporter les actes à leur date sur les registres français.

L'acte de décès d'un Français, mort en pays étranger, ne peut faire foi sans la légalisation de l'agent français établi dans le lieu où cet acte est délivré.

Ce serait ici la place de l'art 49; mais l'ordre naturel lui en a fait assigner une autre à la suite de l'art. 42. (*Voyez page* 22.)

CINQUIÈME SECTION. — DE LA RÉSPONSABILITÉ DES FONCTIONNAIRES CHARGÉS DE LA TENUE OU DE LA GARDE DES REGISTRES.

(Art. 50, 51, 52, 53 et 54 du Code civil.)

ART. 50. — Toute contravention aux articles précédens de la part des fonctionnaires y dénommés, sera poursuivie devant le tribunal de première instance, et punie d'une amende qui ne pourra excéder cent francs.

ART. 51. — Tout dépositaire des registres sera civilement responsable des altérations qui y surviendront, sauf son recours, s'il y a lieu, contre les auteurs desdites altérations.

ART. 52. — Toute altération, tout faux dans les actes de l'état civil, toute inscription de ces actes faite sur une feuille volante et autrement que sur les registres à ce destinés, donneront lieu aux dommages-intérêts des parties, sans préjudice des peines portées au Code pénal.

ART. 53. — Le Procureur du Roi au tribunal de première instance sera tenu de vérifier l'état du registre lors du dépôt qui en sera fait au greffe; il dressera un procès-verbal sommaire de la vérification, dénoncera les contraventions ou délits commis par les Officiers de l'état civil, et requerra contre eux la condamnation aux amendes.

ART. 54. — Dans tous les cas où un tribunal de première instance connaîtra des actes relatifs à l'état civil, les parties intéressées pourront se pourvoir contre le jugement.

La nécessité de l'observation des formes prescrites a fait

établir une responsabilité contre les personnes chargées de la tenue et de la garde des registres ; ce sont les Officiers de l'état civil et les Greffiers des tribunaux.

Cette responsabilité a pour objet, 1.° les simples contraventions et omissions provenant de l'erreur et de la négligence. Ces fautes sont punies d'une amende qui ne peut excéder cent francs (Art. 50), sans préjudice des dommages et intérêts des parties, s'il y a lieu. Elles sont poursuivies civilement devant les tribunaux de première instance, soit par le Procureur du Roi, chargé de vérifier la tenue des registres et de requérir la condamnation aux amendes, soit par les parties intéressées pour leurs dommages et intérêts. Le jugement est sujet à l'appel ; 2.° les altérations, les faux ou autres délits commis dans les actes de l'état civil, les inscriptions de ces actes sur une feuille volante et autrement que sur les registres à ce destinés.

L'art. 192 du Code pénal porte que : « Les Officiers de » l'état civil qui auront inscrits leurs actes sur de simples » feuilles volantes, seront punis d'un emprisonnement » d'un mois au moins et de trois mois au plus et d'une » amende de 16 francs à 200 francs. »

Dans tous les cas, le dépositaire des registres est soumis aux dommages et intérêts des parties, quand même il ne serait auteur ni complice du fait, quand même l'auteur en serait inconnu, sauf son recours, s'il y a lieu, contre les auteurs, s'il peut les découvrir.

Si le dépositaire des registres est auteur ou complice du délit, il est en outre poursuivi criminellement et soumis aux peines prononcées par le Code pénal.

Lors des changemens de Maires, ils feraient bien, pour mettre à couvert leur responsabilité, de constater l'état des registres par des inventaires faits doubles.　　3

L'obligation imposée par l'art. 53 aux Procureurs du Roi de vérifier annuellement les registres de l'état civil, ne détermine pas le mode suivant lequel cette vérification doit être faite, non plus que le délai dans lequel elle devra être terminée ; mais l'ordonnance royale du 26 *Novembre* 1823 est venue remplir cette lacune, en prescrivant une règle uniforme de vérification, et en imposant au ministère public de faire et terminer cette vérification dans les quatre premiers mois qui suivent l'année révolue. (*Voyez cette Ordonnance, rapportée à sa date ainsi que l'instruction de Sa Grandeur le Garde-des-Sceaux, rendue pour son exécution, le* 31 *Décembre* 1823.)

Les Officiers de l'état civil n'étant pas considérés comme agens du Gouvernement, peuvent être traduits directement devant les tribunaux civils, à la requête et diligence du ministère public, sans qu'il soit besoin d'une autorisation supérieure. (*Voyez l'avis du Conseil d'état, du* 30 *Nivôse an* XII.)

Sᴉxɪᴇ̀ᴍᴇ Sᴇᴄᴛɪᴏɴ. — Dᴇs Tᴀʙʟᴇs ᴀɴɴᴜᴇʟʟᴇs ᴇᴛ ᴅᴇ́ᴄᴇɴɴᴀʟᴇs.

Dans le mois qui suit la clôture des registres, les Officiers de l'état civil doivent dresser une table alphabétique annuelle des actes qu'ils renferment et l'annexer à chacun des doubles registres des naissances, mariages et décès.

Une double expédition de ces tables doit être également adressée par les Maires au greffe du tribunal de première instance, dans les délais prescrits. — Cette expédition est destinée à faciliter le travail des tables générales ou décennales qui se fait tous les dix ans.

Les tables annuelles doivent être faites sur papier timbré et certifiées par l'Officier de l'état civil. (*Voyez le Décret du* 20 *Juillet* 1807.)

MODÈLE D'UNE TABLE ANNUELLE.

*Table annuelle alphabétique des actes de naissances,
(ou mariages, ou décès) de la commune de......
pour l'année 18....*

NUMÉR^{os} des ACTES.	NOMS et PRÉNOMS.	DATE des ACTES.
1.	AUBERT (Claude) marié à Françoise CHALAIS.	Le.........18....

*Certifié par nous N......, Officier de l'état civil de
la commune de.... le.... Janvier 18...*

(Suit la signature.)

Numérotage des Actes. Chaque acte doit être numéroté en marge et porter, au-dessous du numéro d'ordre, les noms de ceux qui sont l'objet de l'acte. Cette précaution rend leur vérification bien plus facile, et aide celui qui en est chargé à indiquer plus exactement à l'Officier de l'état civil l'acte qu'il lui signale comme vicieux ou contenant une contravention qu'il est important de faire rectifier. Chaque numéro du registre se reproduit sur la première colonne de la table dont le modèle est ci-dessus et en regard de l'acte qu'il concerne.

En terminant ce chapitre, on doit rappeler à MM. les Officiers de l'état civil qu'ils doivent veiller avec une sollicitude toute particulière à la garde des registres qui leur est confiée. Dépositaires sacrés des premiers titres des familles, ils prendront toutes les précautions que la prudence commande pour prévenir ou empêcher qu'aucun acte ne soit corrigé ou altéré après sa clôture. En plaçant les Officiers de l'état civil sous la surveillance des Procureurs du Roi, la loi leur impose le devoir de les consulter et de suivre leur direction dans tous les cas douteux qui peuvent se rencontrer et de se conformer à leurs instructions.

CHAPITRE II.

DES ACTES DE NAISSANCE.

LES dispositions de ce chapitre sont classées sous deux sections : la première s'occupe des actes de naissance dressés dans les circonstances ordinaires, et la seconde des actes de naissance dressés dans les circonstances particulières.

PREMIÈRE SECTION. — DES ACTES DE NAISSANCE DANS LES CIRCONSTANCES ORDINAIRES.

(Art. 55, 56, 57 et 62 du Code civil.)

On appelle ici *circonstances ordinaires*, celles où un enfant naît d'un père, ou du moins d'une mère connue, et dans un lieu assez voisin du dépôt des registres publics pour qu'on puisse y inscrire sa naissance.

§ Ier *Des Déclarations de Naissance.*

ART. 55. — Les déclarations de naissance seront faites, dans les trois jours de l'accouchement, à l'Officier de l'état civil du lieu : l'enfant lui sera présenté.

Les déclarations de naissance seront faites dans les trois jours de l'accouchement. C'est-à-dire que si l'enfant naît dans la journée du *Dimanche*, la déclaration devra être faite au plus tard dans celle du *Mardi*.

L'Officier public ne peut plus recevoir la déclaration de naissance, lorsque les trois jours sont expirés. Car du moment où les peines sont encourues, il ne dépend pas de lui d'en arrêter l'effet ou l'application. C'est ce qui résulte de l'avis du Conseil d'état du 12 Brumaire an XI, rapporté, à sa date, dans la troisième partie de cet ouvrage.

A l'Officier de l'état civil du lieu. C'est-à-dire au Maire de la commune où la mère de l'enfant est accouchée. — Si la mère est accouchée hors l'enceinte d'une commune, par exemple, sur une route, dans une ferme, etc., la déclaration de la naissance de l'enfant devra être faite au Maire de la commune dont cette route ou cette ferme dépend.

L'enfant lui sera présenté. La loi ne spécifie point dans quel lieu l'enfant doit être présenté à l'Officier de l'état civil; il suffit que ce dernier s'assure par ses yeux de son existence et de son sexe; cette formalité de rigueur a été prescrite pour prévenir un grand nombre d'abus. On conçoit en effet qu'il serait facile, sans cette précaution, de dissimuler le sexe de l'enfant, de faire constater qu'il a eu vie, quand au contraire il est venu mort au monde, etc.

§ II. *Des Déclarans et de la Rédaction de l'Acte.*

Art. 56. — La naissance de l'enfant sera déclarée par le père, ou, à défaut du père, par les docteurs en médecine ou en chirurgie, sages-femmes, officiers de santé ou autres personnes qui auront assisté à l'accouchement; et lorsque la mère sera accouchée hors de son domicile, par la personne chez qui elle sera accouchée.

L'acte de naissance sera rédigé de suite, en présence de deux témoins.

La déclaration de la naissance d'un enfant est un devoir dont la loi punit l'oubli de la part de ceux auxquels il est imposé.

L'art. 346 du Code pénal porte en effet que : « Toute
» personne qui, ayant assisté à un accouchement, n'aura
» pas fait la déclaration à elle prescrite par l'article 56 du
» Code civil, et dans le délai fixé par l'art. 55 du même
» Code, sera punie d'un emprisonnement de six jours à
» six mois, et d'une amende de 16 fr. à 300 fr. »

C'est avant tout au père à faire la déclaration prescrite,
si l'enfant est le fruit du mariage ; viennent ensuite les
docteurs, chirurgiens et sages-femmes, lorsque le père
se trouve absent ou dans l'impossibilité d'agir, ou bien
lorsque la mère n'est pas mariée ; enfin, si l'accouchement
a lieu dans une maison publique ou privée, la déclaration
doit être faite par la personne qui en a le commandement
ou la direction.

On ne peut insérer dans l'acte de naissance d'un enfant
né *hors mariage*, le nom du père qui veut rester inconnu,
ou qui ne comparaît pas, fût-il même désigné par la mère.
Mais on le peut et on le doit, sans contredit, si le père in—
diqué par la déclaration y consent et s'il manifeste son
consentement, soit par sa signature au bas de l'acte de
naissance, soit par une procuration authentique, portant
pouvoir de signer cet acte en son nom.

Lorsque le cadavre d'un enfant, dont la naissance n'a
pas été enregistrée, sera présenté à l'Officier de l'état civil, cet Officier n'exprimera pas qu'un tel enfant est décédé,
mais seulement qu'il lui a été présenté sans vie. Il recevra
de plus la déclaration des témoins, touchant les noms,
prénoms, qualités et demeures des père et mère de l'enfant, et la désignation des an, jour et heure auxquels
l'enfant est sorti du sein de sa mère. — L'acte qui en sera
dressé devra être inscrit à sa date *sur les registres des décès*, sans qu'il en résulte aucun préjugé sur la question de
savoir si l'enfant a eu vie ou non. (*Décret du 4 Juillet*

1806. *Voyez la formule de cet acte à la troisième partie.*)

L'acte de naissance doit être rédigé immédiatement et non postérieurement à la déclaration, sur de simples notes prises, soit par l'Officier civil, soit par le Secrétaire de la mairie.

L'Officier de l'état civil doit s'assurer que les déclarans et les témoins ne se présentent pas sous une fausse qualité, et il peut suspendre la rédaction de l'acte, s'ils lui sont inconnus et s'il soupçonne la fraude.

(Voyez les formules d'actes de naissances, à la troisième partie.)

§ III. *De la Forme de l'Acte de Naissance.*

ART. 57. — L'acte de naissance énoncera le jour, l'heure et le lieu de la naissance, le sexe de l'enfant et les prénoms qui lui seront donnés, les prénoms, noms, profession et domicile des père et mère et ceux des témoins.

Parmi les énonciations que l'acte doit contenir, il est fort important de ne point omettre l'*heure* de la naissance de l'enfant.

L'Officier public doit apporter la plus grande attention à écrire les *noms propres* de la manière que la famille les écrit, afin de prévenir les difficultés auxquelles la moindre erreur peut souvent donner lieu.

Il est très-important de ne donner qu'un seul *prénom* aux enfans. Lorsqu'ils en ont plusieurs, il en résulte presque toujours pour eux beaucoup d'inconvéniens ou d'embarras, parce qu'il est fréquent d'en omettre un, ou de les intervertir dans les différens actes de la vie civile, et que l'omission ou l'interversion des prénoms semble détruire l'identité des personnes qui se présentent avec des prénoms différens, ou avec des prénoms qui ne sont pas rangés dans le même ordre.

Il faut faire attention aussi de ne pas donner à l'enfant

les mêmes prénoms que ceux de ses frères ou sœurs ; par-là on évitera la confusion qui naît souvent dans les familles de la similitude des prénoms.

On ne peut, dans un acte de naissance, donner à un enfant naturel, comme prénom, le nom de famille de l'individu auquel on voudrait attribuer la paternité.

Les noms en usage dans les différens calendriers, et ceux des personnages connus dans l'Histoire ancienne, peuvent seuls être reçus, *comme prénoms*, sur les registres de l'état civil destinés à constater la naissance des enfans. Il est interdit aux Officiers publics d'en admettre aucun autre dans les actes. (*V. la loi du* 11 *Germinal an XI.*)

La naissance d'enfans *jumeaux* peut être déclarée par la même personne, assistée des mêmes témoins ; mais il faut autant d'actes séparés qu'il y a de jumeaux.

L'Officier public doit exprimer, avec le plus grand soin, l'heure précise de la naissance de chaque jumeau, la déclaration à lui faite de l'ordre dans lequel ils sont nés, et inscrire les actes dans cet ordre. S'ils ont des marques sur le corps, il doit les indiquer pour empêcher de les confondre, et que l'acte ne puisse être appliqué à l'autre ; il est même bon d'énoncer, dans chacun des actes, que la naissance de l'enfant qui est dénommé a été constatée avec celle d'un ou de deux jumeaux.

On doit avoir soin de ne pas donner aux jumeaux les mêmes prénoms.

§ IV. *Des Actes de Reconnaissance d'Enfant.*

Art. 62. — L'acte de reconnaissance d'un enfant sera inscrit sur les registres, à sa date ; et il en sera fait mention en marge de l'acte de naissance, s'il en existe un.

Lorsqu'un enfant vient à être reconnu postérieurement à sa naissance, l'acte de reconnaissance doit être porté sur le registre des naissances à la date de son inscription, en même temps qu'il en est fait mention en marge de l'acte de naissance, s'il en existe un. Cette mention doit servir de renseignement à l'enfant qui, retirant l'extrait de son acte de naissance, peut ignorer la reconnaissance ultérieure. (*Voyez, à la troisième partie, les diverses formules d'actes de reconnaissance d'enfant.*)

L'article 334 du Code civil porte que : « La reconnaissance d'un enfant naturel sera faite par un acte » authentique, lorsqu'elle ne l'aura pas été dans son acte » de naissance. »

DEUXIÈME SECTION. — DES ACTES DE NAISSANCE DANS LES CIRCONSTANCES PARTICULIÈRES.

(Art. 58, 59, 60 et 61 du Code civil.)

Le Code civil a prévu les deux cas où il serait impossible de constater la naissance, d'après les règles ordinaires établies par les articles précédens : le 1er c'est celui où un enfant est trouvé exposé ; le 2me, celui où il serait né pendant un voyage sur mer.

§ Ier *Manière de constater la naissance des enfans trouvés.*

ART. 58. — Toute personne qui aura trouvé un enfant nouveau-né, sera tenue de le remettre à l'Officier de l'état civil, ainsi que les vêtemens et autres effets trouvés avec l'enfant, et de déclarer toutes les circonstances du temps et du lieu où il aura été trouvé.

Il en sera dressé un procès-verbal détaillé, qui énoncera en outre l'âge apparent de l'enfant, son sexe, les noms qui lui seront donnés, l'autorité civile à laquelle il sera remis. Ce procès-verbal sera inscrit sur les registres.

Si le malheureux enfant, que des parens dénaturés abandonnent à la commisération publique, n'a point de famille, il n'en est pas moins un être humain. Aussi les lois veillent-elles à sa conservation, en faisant inscrire sa naissance sur les registres communs à tous les citoyens, et en prescrivant aux Officiers de l'état civil de se faire remettre et de décrire avec exactitude tout ce qui leur aura été laissé dans leur abandon. Un simple vêtement, un haillon, a dit le législateur, pourra quelquefois aider un retour de tendresse ou de remors, et à rendre des enfans à des parens qui les voudraient retrouver, ou auxquels un heureux hasard les fera reconnaître.

Les précautions prises pour constater avec le plus grand soin, le moindre indice propre à faire reconnaître l'enfant, appartiennent en entier à l'Officier de l'état civil; il doit désigner l'âge que lui paraît avoir l'enfant, le sexe auquel il appartient, les noms qu'il lui donne, et enfin, l'autorité civile à laquelle il doit le faire remettre. Le procès-verbal qui en est dressé, en présence des deux témoins, s'inscrit sur les registres de l'état civil, comme un acte ordinaire de naissance. (*Voyez, à la troisième partie, la formule de cet acte.*)

(Voyez, pour les formalités du dépôt, le décret du 19 Janvier 1812, qui prescrit de placer l'enfant à l'hospice le plus voisin.)

§ II. *Manière de constater les Naissances sur mer.*

Art. 59. — S'il naît un enfant pendant un voyage de mer, l'acte de naissance sera dressé, dans les vingt-quatre heures, en présence du père, s'il est présent, et de deux témoins pris parmi les officiers du bâtiment, ou, à leur défaut, parmi les hommes de l'équipage. Cet acte sera rédigé, savoir : sur les bâtimens du Roi, par l'officier d'administration de la marine; et sur les bâtimens appartenant à un armateur ou négociant, par le capitaine, maître ou patron du navire. L'acte de naissance sera inscrit à la suite du rôle d'équipage.

Art. 60. — Au premier port où le bâtiment abordera, soit de relâche, soit pour toute autre cause que celle de son désarmement, les officiers de l'administration de la marine, capitaine, maître ou patron, seront tenus de déposer deux expéditions authentiques des actes de naissance qu'ils auront rédigés, savoir : dans un port français, au bureau du préposé à l'inscription maritime ; et dans un port étranger, entre les mains du consul.

L'une de ces expéditions restera déposée au bureau de l'inscription maritime, ou à la chancellerie du consulat ; l'autre sera envoyée au Ministre de la marine, qui fera parvenir une copie, de lui certifiée, de chacun desdits actes, à l'Officier de l'état civil du domicile du père de l'enfant, ou de la mère si le père est inconnu : cette copie sera inscrite de suite sur les registres.

ART. 61. — A l'arrivée du bâtiment dans le port du désarmement, le rôle d'équipage sera déposé au bureau du préposé à l'inscription maritime qui enverra une expédition de l'acte de naissance, de lui signée, à l'Officier de l'état civil du domicile du père de l'enfant, ou de la mère, si le père est inconnu : cette expédition sera inscrite de suite sur les registres.

Ces articles, qui n'ont pas besoin de commentaire, ne dérogent en rien aux articles précédens ; ils signalent les exceptions que les circonstances exigent. Ainsi, les règles sur les actes civils et sur ceux de naissance en particulier, demeurent applicables aux enfans nés sur mer, dans toutes les dispositions auxquelles il n'est pas fait exception. (*Voyez à la troisième partie, la formule de transcription sur les registres de l'acte de naissance d'un enfant né pendant un voyage sur mer.*)

(Ce serait ici la place de l'art. 62, mais l'ordre des idées l'a fait ranger à la suite de l'art. 57, voyez page 41.)

Résumé des formalités ordinaires de l'Acte de naissance.

1.° L'année, le jour et l'heure où il a été reçu ;

2.° Les nom et qualité du fonctionnaire public ;

3.° Les nom, prénoms, âge, profession et domicile du déclarant ;

4.º La présentation de l'enfant ;

5.º Le sexe de l'enfant ;

6.º Le jour de la naissance ;

7.º L'heure de la naissance ;

8.º Le lieu de la naissance ;

9.º Les prénoms, noms, profession et domicile des père et mère ;

10. Les prénoms qui sont donnés à l'enfant ;

11. Les prénoms, noms, professions et domiciles des deux témoins ;

12. La lecture qui doit être faite aux parties comparantes ;

13. La signature de l'acte par l'Officier de l'état civil et les témoins ;

14. La mention de la cause qui pourrait empêcher l'une ou plusieurs des parties de signer ;

15. L'inscription sur les registres, sans aucun blanc, abréviation, ni chiffres ;

16. L'approbation et la signature des ratures et renvois.

CHAPITRE III.

DES ACTES D'ADOPTION.

Aux termes des articles 356 et 357 du Code civil, aucune adoption ne peut avoir lieu qu'en vertu d'un arrêt rendu par la cour royale, sur le jugement du tribunal civil qui aurait déjà statué en première instance.

« Dans les trois mois qui suivront cet arrêt, l'adop-
» tion sera inscrite, à la réquisition de l'une ou de l'autre
» des parties, sur le registre de l'état civil du lieu où
» l'adoptant sera domicilié.

» Cette inscription n'aura lieu que sur le vu d'une
» expédition, en forme, du jugement de la cour d'appel;
» et l'adoption restera sans effet si elle n'a été inscrite
» dans ce délai. » (*Art.* 359 *du Code civil.*)

Les formes de l'acte d'adoption sont fort simples. L'Officier, dans le procès-verbal qu'il dresse, dénomme et qualifie celle des deux personnes qui le requiert : il relate l'arrêt dont l'expédition lui est remise, et il énonce que N..... est reconnu pour fils adoptif de N..... Il fait mention de l'annexe de cette expédition et signe, ainsi que la partie requérante, après lecture.

Le concours, tant de l'adoptant et de l'adopté, que de quatre témoins, n'est point nécessaire, comme l'indi-quent les formules imprimées dans plusieurs ouvrages. Le Code est formel : il n'exige que la réquisition *de l'une ou de l'autre partie.* Il n'exige pas, non plus, l'assistance de témoins, et par conséquent l'Officier de l'état civil a, par lui seul, caractère pour recevoir l'acte. Cette assistance n'est indispensable que pour constater, quand l'Officier le juge nécessaire, l'identité de la personne qui demande l'inscription de l'arrêt d'adoption. Mais il doit refuser de dresser l'acte d'adoption, si l'arrêt ne lui est représenté qu'après le délai prescrit. Ce délai est de rigueur, et emporte déchéance.

Les adoptions ayant pour but d'introduire des enfans dans les familles, ces actes doivent être portés sur le registre des naissances et non sur celui des mariages. Il en est de même des actes de reconnaissance d'enfans naturels. (*Inst. du Ministre de l'intérieur, du 3 Nivôse an IX.*)

Il doit être fait mention de l'adoption en marge de l'acte de naissance de l'adopté.

(Voyez, à la troisième partie, le modèle d'inscription de l'acte d'adoption, à la suite des formules d'actes de naissances.)

CHAPITRE IV.

DES ACTES DE MARIAGE.

Il paraissait convenable de réunir, sous un même titre, toute la législation relative au mariage. Il est fâcheux en effet que, pour connaître les règles à observer dans cet acte important, on soit obligé de recourir à deux titres différens. C'est une imperfection qui a été souvent remarquée et que nous ne rectifierons qu'en ce qui concerne seulement les dispositions qui ont trait aux publications, craignant qu'une interversion dans les articles ne cause quelqu'embarras pour leur recherche. Nous suivrons du reste l'ordre indiqué par le Code.

Première Section. — Des publications de mariage et des actes qui s'y rapportent.

(Articles 63, 166, 167, 168, 169, 64 et 65 du Code civil.)

§ Ier *De la Forme des Publications.*

Art. 63. — Avant la célébration du mariage, l'Officier de l'état civil fera deux publications, à huit jours d'intervalle, un jour de dimanche, devant la porte de la maison commune. Ces publications et l'acte qui en sera dressé, énonceront les prénoms, noms, professions et domiciles des futurs époux, leur qualité de majeurs ou de mineurs, et les prénoms, noms, professions et domiciles de leurs pères et mères. Cet acte énoncera, en outre, les jours, lieux et heures où les publications auront été faites : il sera inscrit sur un seul registre, qui sera coté et paraphé comme il est dit en l'article 41, et déposé, à la fin de chaque année, au greffe du tribunal de l'arrondissement.

Les publications sont l'annonce publique du mariage qui

doit être contracté. — Elles appartiennent aux Officiers de l'état civil. Elles sont, à moins de dispense de l'une d'elles, au nombre de deux et doivent être faites le dimanche, à huit jours d'intervalle; c'est-à-dire que la seconde doit être faite le dimanche qui suit la première.

Ces mots : *à huit jours d'intervalle*, déterminent un délai fixe qu'il n'est point permis à l'Officier public de réduire ni d'étendre. Les publications doivent donc être faites nécessairement pendant deux dimanches consécutifs, en sorte qu'il faudra les renouveler, s'il s'est écoulé plus d'une semaine depuis la première. Isoler les publications, serait nuire à leur publicité.

Les publications doivent être faites devant la porte de la maison commune, et, à défaut de maison commune, devant la porte de la maison du Maire.

Il est dressé de chacune de ces publications un acte séparé (et non pas un seul acte pour les deux publications, comme on le remarque assez fréquemment), qui s'inscrit immédiatement et à sa date sur un registre unique et particulier qu'on appelle registre des publications, qui doit être, comme les autres registres de l'état civil, coté et paraphé, sur chaque feuille, par le Président du tribunal de première instance, ou par le juge qui le remplace, et déposé, à la fin de chaque année, au greffe du tribunal de l'arrondissement.

Indépendamment des énonciations prescrites par l'art. 63, l'acte de publication doit contenir celles communes à tous les actes, indiquées par l'art. 34 du Code civil.

L'acte doit être rédigé conformément aux notes remises par les parties à l'Officier public.

On a vu quelquefois que des inconnus, prenant un nom supposé, se sont présentés devant l'Officier de l'état civil, requérant qu'il ait à faire la publication de leur mariage avec une personne qu'ils avaient l'intention de livrer au ridicule, par l'annonce d'une union mal assortie. l'Officier public évitera ce scandale, en prenant la précaution d'exiger des personnes inconnues qu'elles aient à justifier de leur identité, ou bien, en obligeant les futurs époux qui se trouvent sur les lieux, à se présenter l'un et l'autre à la maison commune, pour y faire la déclaration qu'ils sont dans l'intention de contracter mariage.

§ II. *Du lieu où les Publications doivent être faites.*

Art. 166. — Les deux publications ordonnées par l'art. 63 , au titre *des Actes de l'état civil*, seront faites à la municipalité du lieu où chacune des parties contractantes aura son domicile.

Art. 167. — Néanmoins, si le domicile actuel n'est établi que par six mois de résidence, les publications seront faites en outre à la municipalité du dernier domicile.

Le *domicile* de tout Français, quant à l'exercice de ses droits civils, *est* au lieu où il a son principal établissement (*Art.* 102 *du Code civil*). *Il s'acquiert* par la simple résidence de fait dans un lieu différent, jointe à l'intention marquée et constante d'y fixer sa demeure.

Le domicile, en ce qui concerne le mariage, s'établit par le seul fait d'une habitation continue pendant six mois dans la même commune, quand même on n'aurait pas l'intention d'y fixer son domicile : il suffit d'y avoir résidé sans interruption, soit pour ses affaires, soit pour tout autre motif. Ainsi, un militaire qui aurait demeuré en garnison pendant six mois dans une commune du royaume, y aurait son domicile relativement au mariage.

Mais le domicile établi par une résidence de six mois,

n'empêche pas que les publications ne doivent en outre être faites à la municipalité du dernier domicile des futurs époux.

Si la résidence de six mois s'était continuée en différens lieux, les publications seraient encore à faire en chacun de ces lieux. (*Instruction du Garde-des-Sceaux, du 19 Mai 1821.*)

Si, après avoir résidé pendant six mois entiers dans une même commune, un homme l'avait quittée pour aller résider dans une autre où il habiterait depuis peu de temps, ce ne serait pas la précédente résidence qu'il viendrait de quitter qu'on devrait considérer comme son dernier domicile relativement au mariage, mais son véritable domicile.

La loi n'exige point le consentement du conseil de famille pour les publications, mais seulement pour le mariage. (*Arrêt de la Cour de Cassation, du 22 Juillet 1807.*)

ART. 168. — Si les parties contractantes, ou l'une d'elles, sont, relativement au mariage, sous la puissance d'autrui, les publications seront encore faites à la municipalité du domicile de ceux sous la puissance desquels elles se trouvent.

Si les parties contractantes, ou l'une d'elles, sont, relativement au mariage, sous la puissance d'autrui, c'est-à-dire, si elles sont âgées, les filles de moins de vingt-un ans accomplis, et les garçons de moins de vingt-cinq, lorsqu'ils ont des ascendans vivans, et de vingt-un lorsqu'ils n'en ont point, les publications doivent être faites non-seulement à leurs municipalités respectives, mais encore à la municipalité du domicile de ceux sous la puissance desquels ils se trouvent, c'est-à-dire, au domicile des ascendans dont le consentement est nécessaire pour le mariage, et, s'il n'en existe point, à la municipalité de la commune dans laquelle doit être convoqué le conseil de famille, sans le consentement duquel le mariage ne peut être fait.

Ainsi, il n'est pas nécessaire que les publications aient lieu au domicile des pères et mères ou autres ascendans, lorsque le fils a vingt-cinq ans et la fille vingt-un ans accomplis. (*Lettre du Garde-des-Sceaux, du 26 Mai 1820.*)

Si le contractant est orphelin de père et mère, les publications devront aussi être faites aux domiciles de ses ayeux paternels et maternels. S'il est enfant naturel mineur reconnu, elles le seront aux domiciles de ses père et mère. S'ils ne l'ont pas reconnu, ou s'ils sont morts, la publication aura lieu au domicile du tuteur *ad hoc.* Il faut en dire autant de l'enfant mineur admis dans un hospice. Les publications doivent être faites à la municipalité du lieu où l'hospice est établi.

Si le mineur, privé de ses ascendans, se marie avec le consentement du conseil de famille, il n'a point à faire publier son mariage à la municipalité du lieu où s'est tenu le conseil, parce qu'une réunion de parens et d'amis ne peut avoir de domicile. (*Arrêt de la cour d'Agen, du 10 Décembre 1806.*)

Pour les militaires qui font leur service en France, on doit suivre les règles qui s'appliquent aux autres Francais. Les publications seront donc faites à la municipalité du lieu où le militaire réside avec son corps, à celle du domicile de ses ascendans et à celle de son dernier domicile : s'il n'en a pas d'autre, ce domicile sera le lieu de sa naissance. (*Instruction du Ministre de la Guerre.*)

§ III. *Des Dispenses de la seconde Publication.*

Art. 169. — Il est loisible au Roi ou aux Officiers qu'il préposera à cet effet, de dispenser, pour des causes graves, de la seconde publication.

On peut obtenir, pour des causes graves, des dispenses de la seconde publication et jamais de la première. Elles sont accordées, s'il y a lieu, au nom du Gouvernement, par le Procureur du Roi près le tribunal de première instance dans l'arrondissement duquel les impétrans se proposent de célébrer leur mariage. Le magistrat doit rendre compte au Ministre de la justice des causes qui ont donné lieu à la dispense.

Cette dispense est déposée au secrétariat de la mairie de la commune où le mariage doit être célébré. L'Officier de l'état civil en délivre une expédition, dans laquelle il est fait mention du dépôt, et qui doit ensuite demeurer annexée à l'acte de célébration de mariage. (*Arrêté du* 20 *Prairial an XI.*)

§ IV. *De l'Affiche des Publications et de l'Époque où le Mariage peut être célébré.*

ART. 64. — Un extrait de l'acte de publication sera et restera affiché à la porte de la maison commune, pendant les huit jours d'intervalle de l'une à l'autre publication. Le mariage ne pourra être célébré avant le troisième jour, depuis et non compris celui de la seconde publication.

La loi ne se borne pas à exiger la notoriété du mariage par des publications ; elle veut encore assurer la publicité des publications elles-mêmes, en les faisant afficher *par extrait* à la porte de la maison commune, pendant les huit jours d'intervalle de l'une à l'autre publication. — Cet extrait, dont on trouve un modèle à la troisième partie de cet ouvrage, doit être sur papier timbré. (*Loi du* 13 *Brumaire an VII.*)

Le mariage ne peut être célébré que trois jours francs,

après la seconde publication. Ainsi, un mariage dont la seconde publication aurait été faite le *Dimanche* 1.er Jan-viér, ne pourrait être célébré au plutôt que le *Mer-credi* 4.

L'art. 64 ne parle pas de l'affiche de la seconde publi-cation, et ne semble s'occuper que de la première. Ce-pendant l'usage général est d'afficher aussi la seconde, ce qui est conforme à l'esprit de la loi, qui est de donner la plus grande publicité aux promesses de mariage.

Si avant la célébration du mariage, et depuis les publi-cations, l'Officier public apprenait qu'une prohibition, qui ne subsistait pas d'abord, fût venue frapper l'un des futurs, il ne devrait pas procéder à cette célébration. Il en serait de même par suite de toutes prohibitions qu'il découvrirait avant la prononciation du mariage.

§ V. *Des Publications surannées.*

Art. 65. — Si le mariage n'a pas été célébré dans l'année, à compter de l'expiration du délai des publications, il ne pourra plus être célébré qu'après que de nouvelles publications auront été faites dans la forme ci-dessus prescrites.

Les publications n'ont de valeur que pendant un an, après lequel, si le mariage n'a pas été célébré, elles doi-vent être renouvelées. Dans ce cas, de nouvelles publica-tions sont nécessaires, même lorsqu'il n'est pas survenu d'oppositions aux premières.

Ces termes de l'article 65 : *à compter de l'expiration du délai des publications*, paraissent équivoques ; mais ils sont une suite de l'article précédent, dont la disposi-tion finale porte : « Le mariage ne pourra être célébré » avant le troisième jour depuis *et non compris* celui de » la seconde publication ». Ainsi, le mariage dont la se-conde publication aurait été faite le dimanche 1.er Janvier, pourrait encore être célébré le trois Janvier de l'année suivante ; le lendemain il serait trop tard.

Deuxième Section. — Des Oppositions.

(Art. 66, 67 et 68 du Code civil.)

§ Ier *Des Actes d'Opposition.*

Aʀᴛ. 66. — Les actes d'opposition au mariage seront signés sur l'original et sur la copie par les opposans ou par leurs fondés de
procuration spéciale et authentique : ils seront signifiés, avec
la copie de la procuration, à la personne ou au domicile des
parties, et à l'Officier de l'état civil, qui mettra son *visa* sur
l'original.

Voyez, au chapitre du *Mariage*, les annotations placées sous les articles 172 et suivans.

Modèle du Vɪsᴀ : *Vû par nous, soussigné, Officier
de l'état civil de la municipalité de... en conformité de
l'article 66 du Code civil, le présent original d'exploit d'opposition, dont il nous a été laissé copie.
A...... ce......*

(Signature de l'Officier de l'état civil.)

§ II. *De la mention des Actes d'Opposition et de Main-levée.*

Aʀᴛ. 67. — L'Officier de l'état civil fera, sans délai, une mention sommaire des oppositions sur le registre des publications ; il fera
aussi mention, en marge de l'inscription desdites oppositions,
des jugemens ou des actes de main-levée dont expédition lui
aura été remise.

S'il y a opposition, l'Officier de l'état civil doit de suite
en faire mention *par extrait* sur le registre des publications de mariage ; il fera aussi mention abrégée, en marge

de l'extrait d'acte d'opposition, des jugemens ou des actes de main-levée dont expédition régulière lui aura été remise.

(Voyez, à la troisième partie, un modèle de la mention sommaire.)

§ III. *De l'Effet des Oppositions.*

ART. 68. — En cas d'opposition, l'Officier de l'état civil ne pourra célébrer le mariage avant qu'on lui en ait remis la main-levée,
sous peine de trois cents francs d'amende, et de tous dommages-intérêts.

L'effet des oppositions est d'empêcher la célébration du mariage tant qu'elles subsistent.

Elles sont levées, ou volontairement, ou par jugement; mais, dans cette hypothèse, elles ne cessent que lorsqu'il y a acquiescement au jugement, ou qu'il est rendu en dernier ressort.

TROISIÈME SECTION. — JUSTIFICATIONS A FAIRE PAR LES
CONTRACTANS.

(Art. 69, 70, 71, 72 et 73 du Code civil.)

Pour parvenir à la célébration de leur mariage, les contractans sont obligés de justifier,

1.° Qu'il n'y a pas d'opposition ;

2.° De leur identité ;

3.° Du consentement de ceux dont ils dépendent.

§ I.er *Des Preuves de la non-existence d'Op-*
position.

ART. 69. — S'il n'y a point d'opposition, il en sera fait mention dans
l'acte de mariage ; et si les publications ont été faites dans plusieurs communes, les parties remettront un certificat délivré

par l'Officier de l'état civil de chaque commune, constatant qu'il n'existe point d'opposition.

La disposition qui oblige les contractans à justifier qu'il n'existe point d'opposition, est nécessaire pour mettre à couvert la responsabilité de l'Officier public. Elle ôte d'ailleurs à ce fonctionnaire tout prétexte raisonnable d'alléguer que l'opposition ne lui a pas été connue, ou qu'il aurait été trompé par les parties.

Quand les contractans sont domiciliés dans la même commune, le même Officier fait toutes les publications ; alors ces précautions deviennent superflues, car aucune opposition n'a pu lui échapper : elles lui ont été notifiées; il en a visé l'original, et il en a fait mention sur le registre des publications. Ainsi, il n'exigera point des parties qu'elles aient à lui justifier qu'il n'existe point d'opposition.

Mais l'article 69 portant principalement sur le cas où, à cause de la diversité du domicile des contractans, les publications ont été faites dans des communes différentes, comme alors l'Officier public qui célèbre le mariage ne connaît pas les oppositions qui ont pu être faites, la loi veut que les parties lui rapportent un certificat de non-opposition délivré par l'Officier de l'état civil de chaque commune où le mariage a été publié.

Ce certificat porte en tête qu'il est extrait du registre des publications ; il énonce les dimanches où elles ont eu lieu ; il désigne les personnes entre lesquelles il y a promesse de mariage, par leurs noms, prénoms, demeures, qualités, âges, professions, par ceux de leur père et mère, de manière à constater l'identité des parties y dénommées avec les requérans, au mariage desquels il doit être procédé ; enfin, il mentionne qu'il n'est survenu aucune opposition, ou, s'il en a été formé, que main-levée en a été donnée.

Sa délivrance ne peut avoir lieu que le troisième jour, non compris celui de la seconde publication, c'est-à-dire le lendemain de l'expiration du délai pour former l'opposition dont nous parlerons au paragraphe suivant. Aucun autre certificat ne pourrait être admis.

S'il est survenu des oppositions, l'Officier de l'état civil doit se refuser, jusqu'à leur main-levée, à la délivrance des expéditions des actes de publications. Ces expéditions ne seraient d'aucune utilité aux parties qui, à l'aide de quelques surprises, pourraient même en faire un mauvais usage. Dans tous les cas, il aurait l'attention d'y faire mention des oppositions, en les relatant par la date de l'exploit, et par les noms, qualités et demeures des opposans.

L'Officier qui procède au mariage doit s'assurer que les publications ont été faites régulièrement aux résidences ou domiciles indiqués par la loi ; sa responsabilité ne serait pas moins compromise par l'existence de quelque vice dans les actes préparatoires au mariage, que par suite d'une nullité ou de toute autre faute de son fait dans la rédaction de l'acte de mariage.

(Voyez, à la troisième partie, le modèle d'un certificat délivré par l'Officier de l'état civil attestant que les publications ont été faites et qu'il n'existe point d'opposition.)

§ II. *Comment les Parties justifient de leur Identité.*

Art. 70. — L'Officier de l'état civil se fera remettre l'acte de naissance de chacun des futurs époux. Celui des époux qui serait dans l'impossibilité de se le procurer, pourra le suppléer en rapportant un acte de notoriété, délivré par le juge-de-paix du lieu de sa naissance, ou par celui de son domicile.

Plusieurs auteurs pensent que l'Officier public peut se

dispenser d'exiger la représentation de l'acte de naissance de l'époux né dans la commune où le mariage doit être célébré : le registre sur lequel cet acte se trouve inscrit, faisant pleine foi de ce qu'il contient, l'Officier de l'état civil peut et doit s'y reporter. Dans ce cas, il consignera cette vérification dans l'acte de célébration.

Les étrangers qui veulent contracter mariage en France, doivent suppléer par des actes de notoriété à ceux qu'ils ne peuvent produire. L'article 70 du Code civil autorise cette marche, en ce qui concerne l'acte de naissance ; et ses dispositions à cet égard doivent servir de règle pour les cas semblables.

Ainsi, un prisonnier de guerre ou un étranger qui supplée aux actes que la loi exige, par un acte de notoriété constatant l'impossibilité où il est de produire ces actes, doit être admis au mariage, comme un Français, s'il satisfait aux autres obligations imposées par la loi. Il est indifférent, pour cela, qu'il ait ou non manifesté l'intention de fixer son domicile en France ; attendu que le mariage est un contrat du droit naturel autant que du droit civil, pour l'exercice duquel la qualité de citoyen français n'est pas nécessaire. (*Instruction du Ministre de la justice, du 7 Juin 1806.*)

Si les actes produits par un étranger ne sont pas écrits en langue française, l'Officier de l'état civil doit, avant de procéder à la célébration du mariage, faire traduire ces actes par un expert interprète, auquel il fait prêter serment : le procès-verbal, qui est dressé sur papier timbré, de la nomination de l'interprète, de sa prestation de serment et de la traduction de l'acte, doit être signé par l'Officier de l'état civil et l'interprète, puis annexé, avec l'acte traduit, à l'acte de mariage.

Si dans l'acte de naissance, l'enfant n'avait pas reçu de

prénom, l'Officier public pourra procéder aux publications et même à la célébration du mariage, en se faisant représenter l'acte de mariage des père et mère, et en exigeant du premier, s'il est présent, la déclaration que l'acte de naissance produit est bien celui de son fils. (*Lettre du Procureur du Roi de Paris*, du 25 *Avril* 1815.)

Un individu admis dans un hospice d'orphelins ou d'enfans trouvés, peut suppléer le défaut de représentation d'acte de naissance, par un certificat particulier de son entrée dans cet hospice.

L'acte de notoriété dont parle l'art. 70 ne peut être délivré en brevet, d'après cette disposition générale de la loi, qui veut qu'il soit gardé minute des actes et procès-verbaux du ministère du juge. (*Lettre du Garde-des-Sceaux*, du 18 *Juin* 1821.)

§ III. *De la Forme et de l'Homologation de l'Acte de Notoriété.*

Art. 71. — L'acte de notoriété contiendra la déclaration faite par sept témoins, de l'un ou de l'autre sexe, parens ou non parens, des prénoms, nom, profession et domicile du futur époux, et de ceux de ses père et mère, s'ils sont connus; le lieu, et, autant que possible, l'époque de sa naissance, et les causes qui empêchent d'en rapporter l'acte. Les témoins signeront l'acte de notoriété avec le juge de paix; et, s'il en est qui ne puissent ou ne sachent signer, il en sera fait mention.

Art. 72. — L'acte de notoriété sera présenté au tribunal de première instance du lieu où doit se célébrer le mariage. Le tribunal, après avoir entendu le Procureur du Roi, donnera ou refusera son homologation, selon qu'il trouvera suffisantes ou insuffisantes les déclarations des témoins, et les causes qui empêchent de rapporter l'acte de naissance.

Ces expressions : *L'acte de notoriété contiendra autant que possible l'époque de la naissance*, ne veulent point dire que l'on peut ne faire aucune mention de l'acte de naissance ; car le but principal de l'acte étant de constater l'âge de l'époux, il doit contenir une désignation au moins approximative, de l'époque de sa naissance, ou ce qui est la même chose, de son âge actuel. C'est pourquoi on peut substituer aux mots soulignés ceux-ci : *Autant approximative qu'il sera possible.*

(Voyez l'avis du Conseil d'état, du 4 Thermidor an XIII, rapporté à la seconde partie de cet ouvrage.)

§ IV. *Énonciations des Actes de Consentement des Père et Mère.*

ART. 73. — L'acte authentique du consentement des père et mère ou aïeuls et aïeules, ou, à leur défaut, celui de la famille, contiendra les prénoms, noms, professions et domiciles du futur époux, et de tous ceux qui auront concouru à l'acte, ainsi que leur degré de parenté.

Cet article indique que l'acte du consentement des personnes dont les futurs époux dépendent, doit être authentique, et qu'il doit contenir toutes les énonciations propres à faire distinguer l'individu qui en est l'objet. Il doit être au surplus rapproché des art. 148 à 155 du Code civil, au chapitre *du Mariage.*

QUATRIÈME SECTION. — DU LIEU OU LE MARIAGE EST CÉLÉBRÉ, DE LA CÉLÉBRATION ET DE L'ACTE QUI EN EST DRESSÉ.

(Art. 74, 165, 75 et 76 du Code civil.)

§ Ier *Du Lieu où le Mariage est célébré.*

ART. 74. — Le mariage sera célébré dans la commune où l'un des deux époux aura son domicile. Ce domicile, quant au mariage, s'établira par six mois d'habitation continue dans la même commune.

Art. 165. — Le Mariage sera célébré publiquement devant l'Officier civil du domicile de l'une des deux parties.

La commune où le mariage doit être célébré est, au choix des futurs époux, celle où l'un ou l'autre a son domicile, qui s'établit par six mois de résidence continue.

La célébration du mariage doit être faite, en présence du public, dans la maison commune, et non dans le domicile des parties. On ne peut, sous aucun prétexte, chercher secret et mystère dans un acte qui intéresse aussi gravement la société.

L'Officier de l'état civil, constitué le ministre de la loi pour la célébration du mariage, est le témoin nécessaire de cet acte important; il reçoit, au nom de cette loi, un engagement inviolable des époux, stipulé au profit de l'état et de la famille.

Le *jour* où les parties voudront contracter mariáge, sera par elles désigné; mais *l'heure* sera indiquée par l'Officier de l'état civil, chargé d'en recevoir la déclaration. (*Art.* 2 *de la loi du* 20 *Septembre* 1792.)

Il faut trois conditions pour que le mariage puisse être célébré dans une commune :

1.° Que l'un des futurs y ait son habitation;

2.° Qu'elle ait duré pendant six mois;

3.° Qu'elle n'ait point été interrompue.

Cependant l'usage et la nécessité ont amené une dérogation à ces principes. En effet, lorsque les futurs, ainsi qu'il arrive souvent dans la classe ouvrière, se trouvent, par suite des états ou des métiers qu'ils ont embrassés, à de grandes distances du domicile de leurs parens, il serait impossible de les renvoyer à ce domicile. Ce serait entraver, arrêter un grand nombre de mariages; ce serait occasionner aux parties des frais souvent considérables, et sans aucun motif réel ; car les publications étant toujours faites, et au lieu de leur résidence, et au domicile de ceux sous l'autorité desquels ils sont placés, le mariage reçoit toute la publicité requise, et chacun peut y former opposition.

Mais si l'Officier public a quelque sujet de redouter la fraude, il doit renvoyer devant l'Officier du domicile des ascendans ou tuteurs, ou attendre une décision judiciaire.

Les militaires qui se trouvent sur le territoire du royaume ne peuvent contracter mariage que devant les Officiers de l'état civil des communes où ils ont résidé sans interruption pendant six mois, ou devant l'Officier de l'état civil de la commune où leurs futures épouses ont acquis le domicile fixé par l'article 74 du Code civil, et après avoir rempli les formalités prescrites par les articles 166, 167 et 168 du même Code. (*Avis du Conseil d'état, du quatrième jour complémentaire an XIII.*)

Cependant comme un militaire, obligé de suivre ses drapeaux, peut se trouver pendant long-temps dans la nécessité de ne pas rester six mois de suite dans le même lieu, il suffira qu'il justifie qu'il est au corps depuis plus de six mois, et l'Officier public en fera mention sur ses registres, ainsi que du temps depuis lequel le corps est en garnison dans la commune. S'il s'agit d'un officier sans troupe, il suffira qu'il justifie de la date de l'ordre qui l'a appelé pour le service, dans la commune où il est. (*Instruction du Ministre de la guerre.*)

§ II. *De la Célébration du Mariage.*

ART. 75. — Le jour désigné par les parties après les délais des publications, l'Officier de l'état civil, dans la maison commune, en présence de quatre témoins, parens ou non parens, fera lecture aux parties, des pièces ci-dessus mentionnées, relatives à leur état et aux formalités du mariage, et du chapitre **VI** du titre *du Mariage*, sur *les droits et les devoirs respectifs des époux*. Il recevra de chaque partie, l'une après l'autre, la déclaration qu'elles veulent se prendre pour mari et femme, il prononcera, au nom de la loi, qu'elles sont unies par le mariage, et il en dressera acte sur-le-champ.

Après le délai des publications, le jour de la célébration est choisi par les parties ; elle est faite par l'Officier de l'état civil, en présence de quatre témoins, âgés au moins de 21 ans et du sexe masculin, parens ou non parens, sans préférence de ceux qui savent signer à ceux qui ne le savent pas.

S'il existe des pays où il n'y ait point de maison commune, c'est dans le local qui en tient lieu que le mariage doit être célébré. (*Lettre du Garde-des-Sceaux*, du 21 *Juillet* 1818.)

Il est un cas où le mariage peut être prononcé hors de la maison commune : c'est celui où les deux époux, ou l'un d'eux se trouvent dans l'impossibilité d'aller à la maison commune. L'Officier public peut alors se rendre dans le lieu où les futurs, ou l'un d'eux, est retenu par ses infirmités, et procéder publiquement à la célébration, en faisant mention de cette circonstance dans le préambule de l'acte. (*Instruction du Ministre de la justice*, du 3 *Juillet* 1811.)

L'Officier public doit exiger la présence en personne des parties contractantes. Il ne peut laisser à des commis le soin de dresser les actes qu'il signe sans avoir vu les parties.

La rédaction de l'acte doit suivre immédiatement la prononciation du mariage. Aussi l'Officier de l'état civil se gardera-t-il bien de la remettre à un moment plus à sa convenance, en se bornant à recueillir, sur des feuilles volantes, les noms et prénoms des comparans.

Indépendamment des personnes nécessaires à la validité de l'acte, il arrive que des amis ou des parens se présentent pour assister les parties intéressées, et demandent à signer l'acte de mariage. L'Officier public ne peut les admettre. La loi ayant limité le nombre des personnes qui concourent aux *actes*, n'a pas voulu qu'ils se compliquassent par le concours d'individus inutiles à leur confection, dont les signatures surabondantes, ne causent le plus souvent que de la confusion dans l'acte, et quelquefois, par la ressemblance des noms, empêchent de distinguer celles des parties ou des témoins.

La lecture des pièces relatives à l'état des parties et aux formalités du mariage, doit être faite à haute et intelligible voix. Ces pièces sont toutes celles que la loi a déclarées nécessaires pour procéder aux mariage ; les plus ordinaires sont :

1.° L'acte de naissance de chacun des futurs époux, ou, s'ils sont dans l'impossibilité de se le procurer, l'acte de notoriété qui doit le suppléer ;

2.° L'acte de consentement de tous ceux dont il est requis. — Si les ascendans dont le consentement est nécessaire sont présens au mariage, leur présence suffit pour constater leur consentement, sans qu'il soit besoin d'en rapporter un acte ;

3.° A défaut de consentement des ascendans, les procès-verbaux des actes respectueux qui ont été faits ;

4.° Les actes de décès ou les jugemens constatant l'absence de ceux dont le consentement est requis ;

5.° Les certificats des publications faites dans les divers domiciles ;

6.° La main-levée des oppositions, s'il en a été fait, ou les certificats délivrés par les Officiers de l'état civil des communes où il a été fait des publications, attestant qu'il n'existe point d'opposition ;

7.° L'expédition authentique des dispenses qui ont pu être accordées ;

8.° Enfin, le chapitre VI du titre du mariage, sur les droits et devoirs respectifs des époux. (Rapporté en entier à la fin du chapitre suivant.)

L'acte doit être dressé sur-le-champ et signé de toutes les parties.

§ III. *Des Énonciations de l'Acte de Mariage.*

ART. 76. — On énoncera, dans l'acte de mariage :

1.° Les prénoms, noms, professions, âges, lieux de naissance et domiciles des époux ;

2.° S'ils sont majeurs ou mineurs ;

3.° Les prénoms, noms, professions et domiciles des pères et mères ;

4.° Le consentement des pères et mères, aïeuls et aïeules, et celui de la famille, dans les cas où ils sont requis ;

5.° Les actes respectueux, s'il en a été fait ;

6.° Les publications dans les divers domiciles ;

7.° Les oppositions, s'il y en a eu, leur main-levée, ou la mention qu'il n'y a point eu d'opposition ;

8.° La déclaration des contractans de se prendre pour époux, et le prononcé de leur union par l'Officier public ;

9.° Les prénoms, noms, âges, professions et domiciles des témoins, et leur déclaration s'ils sont parens ou alliés des parties, de quel côté et à quel degré.

Ces énonciations, que l'acte de mariage doit contenir, tendent, soit à bien désigner les époux, soit à constater que les formalités qui doivent précéder ou accompagner le mariage, ont été observées ; aussi l'Officier de l'état civil doit-il mettre toute son attention à n'en omettre aucune.

Quelques Officiers de l'état civil, en énonçant *l'âge* des époux qui contractent, croient devoir, lorsque l'année qu'ils ont commencée n'est pas révolue, exprimer les mois et même les jours qu'ils ont de plus que l'année qui est complète. Cette précaution est inutile et ne sert qu'à allonger la rédaction de l'acte : il suffit d'énoncer les années qui sont révolues et dont il ne reste plus rien à écouler.

Résumé des Formalités ordinaires de l'Acte de Mariage.

1.º L'année, le jour, le mois et l'heure où l'acte est reçu ;

2.º La qualité du fonctionnaire par-devant qui l'acte est reçu ;

3.º Le lieu de la célébration ;

4.º Les prénoms, noms, professions, âges, lieux de naissance et domiciles des époux ;

5.º La mention qu'ils sont majeurs ou mineurs ;

6.º Les prénoms, noms, professions et domiciles des pères et mères ;

7.º Leur consentement ;

8.º L'énonciation des diverses publications ;

9.º La mention qu'il y a eu ou non des oppositions ; leur main-levée ;

10. La lecture faite aux parties et aux témoins des pièces produites et du chapitre VI au titre *du Mariage*, *sur les droits et devoirs respectifs des époux* ;

11. La déclaration des contractans de se prendre pour époux ;

12. La prononciation de leur union au nom de la loi ;

13. La rédaction immédiate de l'acte ;

14. Les prénoms, noms, âges, professions et domiciles des quatre témoins présens ;

15. La déclaration s'ils sont parens ou alliés des parties, de quel côté et à quel degré ;

16. La lecture de l'acte aux parties et témoins ;

17. Les signatures de l'Officier de l'état civil, des parties et des témoins ;

18. La déclaration ou mention de ceux qui ne peuvent ou ne savent signer.

CHAPITRE V.

DU MARIAGE.

Première Section. — Des Qualités et Conditions requises pour pouvoir contracter mariage.

(Art. 144 à 164 du Code civil, inclusivement.)

§ Ier *De l'Age et de ses Dispenses.*

Art. 144. — L'homme avant dix-huit ans révolus, la femme avant quinze ans révolus, ne peuvent contracter mariage.

Art. 145. — Néanmoins, il est loisible au Roi d'accorder des dispenses d'âge pour des motifs graves.

Comme des circonstances, rares à la vérité, mais impérieuses, peuvent exiger des exceptions à la règle générale, le législateur a cru que la loi devait laisser au Gouvernement le droit d'accorder des dispenses.

Les formes à suivre pour obtenir ces dispenses, sont déterminées par l'arrêté du Gouvernement, du 20 Prairial an XI, rapporté à la deuxième partie de cet ouvrage. La pétition doit être présentée au Procureur du Roi près le tribunal du domicile du pétitionnaire. Ce magistrat met son avis au pied de la pétition, qui est ensuite adressée à S. G. le Garde-des-sceaux. A l'appui de cette pétition, doivent être produits les actes de naissance des futurs, les consentemens de leurs pères et mères ou autres ascendans. (*Lettre du Ministre de la justice, du 4 Avril 1815.*)

Si la dispense d'âge est accordée, l'arrêté est, à la diligence du Procureur du Roi, et en vertu d'ordonnance du Président, enregistré au greffe du tribunal de l'arrondissement dans lequel le mariage sera célébré. L'expédition de cet arrêté, dans lequel il est fait mention de l'enregistrement, demeure annexée à l'acte de célébration du mariage. Elle est délivrée par le greffier; et c'est sur la remise qui lui en est faite, que l'Officier de l'état civil peut procéder au mariage.

Il est perçu, sur les dispenses d'âge pour mariage, un droit de sceau de cent francs et un droit d'enregistrement de vingt francs. Mais les lettres de dispenses sont délivrées *gratis* aux personnes reconnues indigentes.

(Voyez les art. 55 de la loi du 28 Avril 1816, 77 de celle du 15 Mai 1818, et les circulaires ministérielles des 16 Août 1817, 18 Août 1823 et 10 Mai 1824.)

§ II. *Du Défaut de Consentement.*

Art. 146. — Il n'y a pas de mariage lorsqu'il n'y a point de consentement.

La loi veut un consentement libre, qui soit l'effet d'une volonté réfléchie, et non pas un cousentement *apparent* qui se trouve détruit, ou par l'incapacité de l'individu qui a paru le donner, ou, dans son essence même, par les vices qui le rendent nul.

L'individu qui se trouve en état de démence ou de fureur, est incapable de donner un consentement valable.

Les *sourds* et *muets* peuvent se marier, pourvu qu'ils soient en état de manifester leur volonté d'une manière non équivoque; car, si telle était la mauvaise conformation de leurs organes qu'ils ne pussent prendre une idée des engagemens qu'ils contractent, ou exprimer la volonté de s'y soumettre, on conçoit qu'il n'y aurait, dans ce cas, qu'un simulacre de consentement. Ainsi, le *sourd-muet* de naissance ne peut pas toujours manifester clairement ses conceptions ou sa volonté, puisqu'il n'a pu recevoir des idées bien nettes de ce qui se passe dans la société ; il en est de même de l'homme privé tout à la fois de l'ouie et de la vue. Au contraire, celui qui n'est tombé dans ces infirmités que par accident, a conçu, avant de les contracter, des idées que son état n'efface point : il peut exprimer son consentement.

Au surplus, c'est à l'Officier public à apprécier la manifestation du consentement et à discerner les circonstances et les signes qui peuvent faire juger si ce consentement est réel. (*Lettre du Ministre de la justice, du 21 Juin 1809.*)

§ III. *De l'Empêchement résultant d'un Mariage qui subsiste encore.*

Art. 147. — On ne peut contracter un second mariage avant la dissolution du premier.

Un premier mariage valable et subsistant est un obstacle à un second. Aussi, un avis du conseil d'état, du 17 Germinal an XIII, décide-t-il qu'on ne peut, en l'absence de preuves positives du décès d'un absent, déclarer son mariage dissous, quelles que soient les présomptions résultant, soit de témoignages verbaux, soit d'une absence plus ou moins prolongée.

L'article 228 du Code civil porte que « la femme ne » peut contracter un nouveau mariage, qu'après dix mois » révolus depuis la dissolution du mariage précédent. » (*Voyez les art.* 194, 195 *et* 340 *du Code pénal et la circulaire du* 19 *Mai* 1823.)

§ IV. *Du Consentement des Tiers.*

Art. 148. — Le fils qui n'a pas atteint l'âge de vingt-cinq ans accomplis, la fille qui n'a pas atteint l'âge de vingt-un ans accomplis, ne peuvent contracter mariage sans le consentement de leurs père et mère : en cas de dissentiment, le consentement du père suffit.

Cet article impose à tout mineur, quant au mariage, l'obligation d'obtenir le consentement de son père et de sa mère. Cependant la loi a prévu le cas où l'un ou l'autre de ces derniers auraient des avis différens. On a compris que dans une société de deux, toute délibération deviendrait impossible, si la loi n'accordait la prépondérance au suffrage de l'un des associés. La prééminence du sexe a partout garanti cet avantage au père.

Cependant si la mère se présentait pour déclarer qu'elle ne consent pas au mariage, l'Officier de l'état civil ne pourrait se dispenser de faire mention de son refus dans l'acte ; il ne pourrait même passer outre si, avant le jour fixé pour la célébration, elle avait formé opposition au mariage dans la forme prescrite par la loi ; dans ce cas, il faudrait attendre que le tribunal eût statué sur l'opposition.

Art. 149. — Si l'un des deux est mort, ou s'il est dans l'impossibilité de manifester sa volonté, le consentement de l'autre suffit.

Il peut arriver que le père, dont le consentement est requis, se trouve dans l'impossibilité de manifester sa volonté relativement au mariage contracté par son enfant : par exemple, lorsqu'il est absent et qu'on ignore le lieu où il s'est retiré ; lorsqu'il est interdit pour cause de démence ; lorsqu'il est mort civilement ou qu'il se trouve dans l'état d'interdiction légale, par suite de condamnation prononcée contre lui pour crime. Dans tous ces cas, le consentement de la mère suffit ; et cette règle doit être suivie, que l'enfant soit légitime ou non, qu'il soit majeur ou mineur, en justifiant toutefois de l'impossibilité où il est d'obtenir le consentement de son père, par la représentation, soit du jugement qui l'a déclaré absent, ou à défaut de jugement, de l'acte de notoriété délivré dans la forme prescrite par l'article 155 du Code civil, soit du jugement qui aura prononcé l'interdiction pour cause de démence, soit enfin de l'arrêt qui l'aura condamné à des peines afflictives et infamantes, qui entraînent avec elles la mort civile ou l'interdiction légale, lorsqu'elles ne sont que temporaires.

ART. 150. — Si le père et la mère sont morts, ou s'ils sont dans l'impossibilité de manifester leur volonté, les aïeuls et aïeules les remplacent : s'il y a dissentiment entre l'aïeul et l'aïeule de la même ligne, il suffit du consentement de l'aïeul.

S'il y a dissentiment entre les deux lignes, ce partage emportera consentement.

Le consentement des ayeux n'est suffisant qu'autant qu'il a été justifié des actes de décès des père et mère, ou des empêchemens dans lesquels ils se trouveraient.

S'il n'existait point d'ayeux dans une ligne, ou qu'ils fussent dans les cas d'empêchemens prévus, le consentement des ayeux ou de l'aïeul de l'autre ligne suffirait. (*Argument de l'art.* 149.)

(Voyez l'avis du conseil d'état, du 4 Thermidor an XIII.)

Il se peut qu'une maladie grave ne permette pas de donner un consentement en connaissance de cause. L'Officier de l'état civil doit prendre, dans ce cas, toutes les précautions convenables pour s'assurer de la vérité du fait et mettre sa responsabilité à couvert. Ainsi, il peut commettre un médecin qui constatera l'état du malade. Si le rapport ne laisse aucun doute, il procédera au mariage, en énonçant ce rapport dans l'acte et en l'annexant.

Il n'est pas nécessaire de produire les actes de décès des pères et mères des futurs mariés, lorsque les aïeuls ou aïeules qui les remplacent attestent ce décès. Dans ce cas, il doit être fait mention de leur attestation dans l'acte de mariage dans les termes suivans qui seront placés à la suite des noms, prénoms, professions et domiciles des pères et mères décédés : *desquels pères et mères le décès a été attesté par* (désigner ici les noms, prénoms, professions et domiciles des aïeuls ou aïeules des futurs époux, ou de l'un d'eux) *ici présens et consentans.*

Art. 151. — Les enfans de famille ayant atteint la majorité fixée par l'article 148, sont tenus, avant de contracter mariage, de demander, par un acte respectueux et formel, le conseil de leur père et de leur mère, ou celui de leurs aïeuls et aïeules, lorsque leur père et leur mère sont décédés, ou dans l'impossibilité de manifester leur volonté.

Si les pères et mères, aïeuls ou aïeules, dont le consentement ou conseil est requis, sont décédés, et si l'on est dans l'impossibilité de produire l'acte de leur décès, ou la preuve de leur absence, faute de connaître leur dernier domicile, il peut être procédé à la célébration du mariage des *majeurs*, sur leur déclaration à serment que le lieu du décès et celui du dernier domicile de leurs ascendans leur sont inconnus. Cette déclaration doit être certifiée, aussi par serment, des quatre témoins de l'acte de mariage, lesquels affirment que, quoiqu'ils connaissent les futurs époux, ils ignorent le lieu du décès de leurs ascendans et leur dernier domicile. (*Voyez le n.° XVII des formules des actes de mariage et l'avis du 4 Thermidor an XIII.*)

Quant aux *mineurs de 21 ans*, ils ne peuvent, à défaut de consentement des ascendans, se marier sans l'avis du conseil de famille. (*Voyez, plus bas, les art. 159 et 160.*)

Art. 152. — Depuis la majorité fixée par l'article 148, jusqu'à l'âge de trente ans accomplis pour les fils et jusqu'à l'âge de vingt-cinq ans accomplis pour les filles, l'acte respectueux prescrit par l'article précédent, et sur lequel il n'y aurait pas de consentement au mariage, sera renouvelé deux autres fois, de mois en mois; et un mois après le troisième acte, il pourra être passé outre, à la célébration du mariage.

L'article 1033 du Code de procédure civile ne s'applique pas aux actes respectueux : le jour de la notification et celui de l'échéance sont compris dans le délai général. (*Arrêt de la cour de Paris, du 19 Octobre 1809.*)

ART. 153. — Après l'âge de trente ans, il pourra être, à défaut de consentement sur un acte respectueux, passé outre, un mois après, à la célébration du mariage.

Il faut ajouter dans cet article, à la suite de ces mots : *après l'âge de trente ans*, ceux-ci : *pour les fils, et après l'âge de vingt-cinq ans pour les filles;* c'est ce qui résulte clairement de l'article précédent qui ne leur impose l'obligation de réitérer l'acte respectueux que jusqu'à cet âge.

Lorsqu'il y a consentement de la part du père, il suffit que le dissentiment de la mère soit constaté par un seul acte respectueux. (*Argument de l'art. 148.*)

ART. 154. — L'acte respectueux sera notifié à celui ou ceux des ascendans désignés en l'article 151, par deux notaires, ou par un notaire et deux témoins, et dans le procès-verbal qui doit en être dressé, il sera fait mention de la réponse.

L'article 151 du Code civil porte : que le fils ou la fille sont tenus de demander, par un acte respectueux et formel, le conseil de leurs père et mère, aïeuls ou aïeules; et l'art. 154 que cet acte respectueux sera notifié, et que, dans le procès-verbal qui doit en être dressé, il sera fait mention de la réponse.

Il est nécessaire que l'Officier de l'état civil connaisse

les formes de l'acte respectueux, pour s'assurer de la régularité de ceux qui lui sont présentés.

S'il y remarquait des vices de forme, il attendrait que les parties l'appelassent en justice.

Le procès-verbal, contenant sommation respectueuse, doit énoncer : 1.° les noms, prénoms, âges, qualités et demeures du requérant et de celle qu'il se propose d'épouser; 2.° la demande qui est faite, la réponse de l'ascendant et les circonstances relatives à son refus, soit de répondre, soit de recevoir le notaire; 3.° à qui la copie a été laissée et qu'elle a été signée.

Les actes respectueux ne sont pas valables, si au lieu d'être signifiés aux père et mère, ils ne sont signifiés qu'à l'un d'eux.

La notification doit être faite à la personne même des ascendans. L'intention du législateur a été que ceux qui auraient à faire des actes respectueux, ou les notaires qui agiraient pour eux, s'assurassent que les ascendans, dont ils sont obligés de demander le conseil, seraient à leur domicile au moment où ils s'y présenteraient; que dans le cas où ils ne s'y trouveraient pas, ils en choisissent un autre, ou les attendent, ou au moins qu'ils emploient tous les moyens possibles pour les trouver, parler à leur personne, et que le procès-verbal qui doit en être dressé, constate les démarches faites à cet égard.

Cependant, si le père ou la mère refusaient de répondre; dans ce cas, leur refus de s'expliquer pourrait tenir lieu de la réponse exigée par l'art. 154 ; autrement il dépendrait de l'un ou de l'autre de rendre illusoire la disposition de l'art. 151, établie en faveur de ceux qui ne peuvent obtenir le consentement des parens sous la puissance desquels ils se trouvent. Il doit en être de même, à l'égard du *père* que l'Officier ministériel ne trouve pas dans son domicile, après s'y être plusieurs fois présenté ; soit qu'il tienne sa porte fermée , soit qu'il s'éloigne à dessein de la commune où il est domicilié ; dans ce dernier cas, l'absence du père, étant constatée par le procès-verbal, doit tenir lieu de réponse.

Au surplus, l'art. 154 n'ayant pas positivement prévu le cas où les ascendans seraient momentanément absens de leur domicile ; c'est aux magistrats à suppléer ce qui peut manquer au texte de la loi, et à l'appliquer d'une manière conforme à son esprit. (*Arrêt de la Cour de Caen, du 12 Décembre 1812.*)

Art. 155. — En cas d'absence de l'ascendant auquel eût dû être fait l'acte respectueux , il sera passé outre à la célébration du mariage , en représentant le jugement qui aurait été rendu pour déclarer l'absence , ou , à défaut de ce jugement, celui qui aurait ordonné l'enquête, ou , s'il n'y a point encore eu de jugement, un acte de notoriété délivré par le juge de paix du lieu où l'ascendant a eu son dernier domicile connu. Cet acte contiendra la déclaration de quatre témoins appelés d'office par ce juge de paix.

Lorsque le défaut de consentement n'est plus , à raison de l'âge , un obstacle au mariage, et que l'absence empêche de faire les actes respectueux, le motif de suspendre la célébration du mariage n'existe point , mais il faut que le fait de l'absence soit certain ; et sur ce point on doit se conformer aux règles établies plus haut.

On ne regardera pas comme absent celui qui , pour ses affaires ou par d'autres motifs, se serait éloigné de son domicile sans avoir laissé ignorer le lieu où on peut le trouver. Il ne faudrait pas que , sous prétexte d'un simple éloignement, un enfant de famille pût se soustraire à un devoir aussi essentiel.

Mais si l'ascendant ne se trouve plus dans son domicile , et que l'on ignore où il s'est transporté , le mariage pourra être célébré sans qu'il lui ait été fait d'acte respectueux, en constatant cette absence. Si déjà elle a été déclarée par jugement, il devra être représenté. La faveur due au mariage, et la nécessité de ne pas trop le différer, ont même fait admettre comme preuve suffisante, s'il n'y a point eu de jugement de déclaration d'absence, celui qui aurait ordonné l'enquête; ou enfin, s'il n'y a encore eu aucun jugement, un acte de notoriété délivré par le juge de paix, sur la déclaration de quatre témoins, appelés par lui d'office.

Malgré que l'absence du père soit constatée, la mère n'en doit pas moins, pour consentir au mariage de son enfant mineur, s'être fait autoriser en justice. Elle présentera, à cet effet, requête au tribunal, pour obtenir l'autorisation de consentir seule au mariage de son enfant, en exprimant l'impossibilité où serait le mari de donner son consentement. (*Lettre du Procureur du Roi de Paris, du 22 Août* 1818.)

ART. 156. — Les Officiers de l'état civil qui auraient procédé à la célébration des mariages contractés par des fils n'ayant pas atteint l'âge de vingt-cinq ans accomplis, ou par des filles n'ayant pas atteint l'âge de vingt-un ans accomplis, sans que le consentement des pères et mères, celui des aïeuls et aïeules, et celui de la famille, dans le cas où ils sont requis, soient énoncés dans l'acte de mariage, seront, à la diligence des parties intéressées et du Procureur du Roi près le tribunal de première instance du lieu où le mariage aura été célébré, condamnés à l'amende portée par l'article 192, et, en outre à un emprisonnement dont la durée ne pourra être moindre de six mois.

ART. 157. — Lorsqu'il n'y aura pas eu d'actes respectueux, dans les cas où ils sont prescrits, l'Officier de l'état civil qui aurait célébré le mariage, sera condamné à la même amende et à un emprisonnement qui ne pourra être moindre d'un mois.

(*Voyez l'article* 195 *du Code pénal.*)

Art. 158. — Les dispositions contenues aux articles 148 et 149, et les dispositions des articles 151, 152, 153, 154 et 155 relatives à l'acte respectueux qui doit être fait aux père et mère dans le cas prévu par ces articles, sont applicables aux enfans naturels légalement reconnus.

Il faut observer que cet article ne parle que des père et mère dont le consentement est nécessaire, ou auxquels l'acte respectueux doit être présenté, et non des aïeuls ou aïeules, par la raison que la loi ne reconnaît pas aux enfans *naturels* d'autres ascendans.

Art. 159. — L'enfant naturel qui n'a point été reconnu, et celui qui, après l'avoir été, a perdu ses père et mère, ou dont les père et mère ne peuvent manifester leur volonté, ne pourra, avant l'âge de vingt-un ans révolus, se marier qu'après avoir obtenu le consentement d'un tuteur *ad hoc* qui lui sera nommé.

Après l'âge de vingt-un ans, l'enfant naturel, non reconnu, peut contracter mariage sur la simple représentation de son acte de naissance.

Le tuteur *ad hoc* de l'enfant naturel est nommé par le juge de paix, et le conseil qu'il convoque doit être composé *de citoyens connus pour avoir eu des relations habituelles d'amitié avec le père ou la mère du mineur.* (Code civil, art. 409.)

Si les père et mère de l'enfant naturel sont inconnus, le juge appelera les personnes qui en auraient pris soin, ou seraient censées avoir des relations avec lui.

Le tuteur *ad hoc* donne son consentement ainsi que l'auraient fait les père et mère.

Les actes de nomination et de consentement sont relatés en l'acte de mariage et y demeurent annexés.

Quant à l'enfant trouvé, admis dans un hospice, il ne peut se marier sans le consentement de la commission administrative de l'hospice, savoir : le garçon ayant vingt-cinq ans, la fille avant vingt-un. (*Voyez la loi du 15 Pluviôse an XIII.*)

Art. 160. — S'il n'y a ni père ni mère, ni aïeuls ni aïeules, ou s'ils se trouvent tous dans l'impossibilité de manifester leur volonté, les fils ou filles mineurs de vingt-un ans ne peuvent contracter mariage sans le consentement du conseil de famille.

(*Voyez, pour les majeurs, l'avis du Conseil d'état, du 4 Thermidor an XIII.*)

§ V. *De l'Empêchement produit par la Parenté, et des dispenses qui peuvent le lever.*

Art. 161. — En ligne directe, le mariage est prohibé entre tous les ascendans et descendans légitimes ou naturels, et les alliés dans la même ligne.

L'enfant naturel, incestueux ou adultérin de la femme, est allié du mari de cette femme.

Il y a empêchement de mariage entre la fille naturelle soit incestueuse, soit adultérine, d'une femme, avec le mari de cette femme. Il en est de même de l'enfant du mari.

Le père de Pierre n'est pas le père par alliance du frère de sa femme, et le frère de Pierre n'est pas allié de la sœur de sa femme.

Des raisons de décence et d'ordre public ont fait défendre le mariage,

Entre l'adoptant, l'adopté et ses descendans;

Entre les enfans adoptifs du même individu;

Entre l'adopté et les enfans qui pourraient survenir à l'adoptant;

Entre l'adopté et le conjoint de l'adoptant, et réciproquement entre l'adoptant et le conjoint de l'adopté. (*Voy. l'art. 348 du Code civil.*)

Art. 162. — En ligne collatérale, le mariage est prohibé entre le frère
et la sœur légitimes ou naturels , et les alliés au même degré.

Le mariage n'est point prohibé entre un individu et la
veuve du frère de sa première femme. (*Lettre du Mi-*
nistre de la justice , *du 3 Juillet* 1807.)

Pierre ne peut se marier avec la sœur de sa femme ,
après le décès de celle-ci ; mais son père ou son frère sont
libres d'épouser la sœur de sa femme , même avant son
veuvage.

Lorsque deux veufs passent à un second mariage ,
ayant chacun des enfans d'une union précédente , il
n'existe aucun empêchement à ce que ces enfans puissent
se marier entre eux. Le motif est que l'affinité qui se con-
tracte entre un époux et les parens de l'autre , ne s'étend
pas aux parens de cet époux. (*Lettre de Son Exc. le*
Ministre de la justice , *du 4 Mai* 1810.)

Art. 163. — Le mariage est encore prohibé entre l'oncle et la nièce ,
la tante et le neveu.

Le mariage , entre un grand oncle et sa petite nièce ,
ne peut avoir lieu qu'en conséquence de dispenses accordées conformément à ce qui est prescrit par l'art. 164.
(*Décision du Conseil d'état* , *du 7 Mai* 1808.)

La prohibition ne s'étend point aux oncles et tantes ,
nièces et neveux par *alliance;* ainsi un neveu peut
épouser la femme de son oncle. (*Lettre du Garde-des-*
sceaux , *du 21 Février* 1815.)

Art. 164. — Néanmoins , il est loisible au Roi de lever , pour des
causes graves , les prohibitions portées au précédent article.

Aucune autorité dans l'état ne peut lever , par des dispenses , les prohibitions portées dans les articles 161 et
162 du Code civil.   6

Les dispenses de degrés s'obtiennent de la même manière que les dispenses d'âge. Il est perçu un droit de sceau de deux cents francs et un droit d'enregistrement de quarante francs.

Les catholiques doivent, en formant leur demande, justifier des dispenses religieuses. (*Voyez la Circulaire du 18 Août 1823.*)

(Voyez les annotations placées sous l'art. 145, l'arrêté du 20 Prairial an XI, et les circulaires ministérielles des 16 Août 1817, 18 Août 1823 et 10 Mai 1824.)

Deuxième Section. — Des Formalités relatives aux Mariages célébrés a l'étranger.

(Articles 170 et 171 du Code civil.)

Les art. 165, 166, 167, 168 et 169 ayant été placés à la suite des art. 63 et 74, il ne reste plus à s'occuper que des *formalités relatives aux mariages célébrés à l'étranger*, suffisamment indiquées par les deux articles suivans.

ART. 170. — Le mariage contracté en pays étranger entre Français, et entre Français et étrangers, sera valable, s'il a été célébré dans les formes usitées dans le pays ; pourvu qu'il ait été précédé des publications prescrites par l'article 63, au titre *des Actes de l'état civil*, et que le Français n'ait point contrevenu aux dispositions contenues au chapitre précédent.

ART. 171. — Dans les trois mois après le retour du Français sur le territoire du royaume, l'acte de célébration du mariage contracté en pays étranger, sera transcrit sur le registre public des mariages du lieu de son domicile.

Le délai de trois mois, fixé par ce dernier article, est de rigueur. Une fois passé, la transcription ne peut plus avoir lieu qu'en vertu d'un jugement. (*Lettre du Garde-des-sceaux, du 7 Mai 1822.*)

Le Français qui, à son retour en France, prend un autre domicile que celui qu'il avait lorsqu'il en est sorti, doit faire la transcription dans les deux communes. (*Même Lettre.*)

La transcription peut être requise par le mari ou par la femme.

TROISIÈME SECTION. — DES OPPOSITIONS AU MARIAGE.

(Articles 172 à 179 du Code civil.)

Les Officiers de l'état civil n'étant point juges du mérite *des oppositions*, nous avons cru inutile d'ajouter un commentaire aux articles qui traitent de cette matière. Nous nous bornons à renvoyer aux annotations placées sous les articles 66, 67 et 68.

ART. 172. — Le droit de former opposition à la célébration du mariage, appartient à la personne engagée par mariage avec l'une des deux parties contractantes.

ART. 173. — Le père, et à défaut du père, la mère, et à défaut de père et mère, les aïeuls et aïeules, peuvent former opposition au mariage de leurs enfans et descendans, encore que ceux-ci aient vingt-cinq ans accomplis.

ART. 174. — À défaut d'aucun ascendant le frère ou la sœur, l'oncle ou la tante, le cousin ou la cousine germains, majeurs, ne peuvent former aucune opposition que dans les deux cas suivans :

1.º Lorsque le consentement du conseil de famille, requis par l'article 160, n'a pas été obtenu ;

2.º Lorsque l'opposition est fondée sur l'état de démence du futur époux : cette opposition, dont le tribunal pourra prononcer main-levée pure et simple, ne sera jamais reçue qu'à la charge, par l'opposant, de provoquer l'interdiction, et d'y faire statuer dans le délai qui sera fixé par le jugement.

ART. 175. — Dans les deux cas prévus par le précédent article, le tuteur ou curateur ne pourra, pendant la durée de la tutelle ou curatelle, former opposition qu'autant qu'il y aura été autorisé par un conseil de famille, qu'il pourra convoquer.

Art. 176. — Tout acte d'opposition énoncera la qualité qui donne à l'opposant le droit de la former; il contiendra élection de domicile dans le lieu où le mariage devra être célébré; il devra également, à moins qu'il ne soit fait à la requête d'un ascendant, contenir les motifs de l'opposition : le tout à peine de nullité et de l'interdiction de l'Officier ministériel qui aurait signé l'acte contenant opposition.

Art. 177. — Le tribunal de première instance prononcera, dans les dix jours, sur la demande en main-levée.

Art. 178. — S'il y a appel, il y sera statué dans les dix jours de la citation.

Art. 179. — Si l'opposition est rejetée, les opposans, autres néanmoins que les ascendans, pourront être condamnés à des dommages-intérêts.

QUATRIÈME SECTION. — DES DROITS ET DES DEVOIRS RESPECTIFS DES ÉPOUX.

(Articles 212 à 226 du Code civil.)

L'article 75 du Code, prescrivant à l'Officier de l'état civil de faire lecture aux parties contractantes *du chapitre VI du titre du mariage*, nous avons pensé qu'il était indispensable d'en rapporter ici le texte en entier.

Chapitre VI, du titre du Mariage, sur les droits et les devoirs respectifs des Époux.

Art. 212. — Les époux se doivent mutuellement fidélité, secours, assistance.

Art. 213. — Le mari doit protection à sa femme, la femme obéissance à son mari.

Art. 214. — La femme est obligée d'habiter avec le mari et de le suivre partout où il juge à propos de résider : le mari est obligé de la recevoir et de lui fournir tout ce qui est nécessaire pour les besoins de la vie, selon ses facultés et son état.

ART. 215. — La femme ne peut ester en jugement sans l'autorisation de son mari, quand même elle serait marchande publique, ou non commune, ou séparée de biens.

ART. 216. — L'autorisation du mari n'est pas nécessaire lorsque la femme est poursuivie en matière criminelle ou de police.

ART. 217. — La femme, même non commune ou séparée de biens, ne peut donner, aliéner, hypothéquer, acquérir, à titre gratuit ou onéreux, sans le concours du mari dans l'acte, ou son consentement par écrit.

ART. 218. — Si le mari refuse d'autoriser sa femme à ester en jugement, le juge peut donner l'autorisation.

ART. 219. — Si le mari refuse d'autoriser sa femme à passer un acte, la femme peut faire citer son mari directement devant le tribunal de première instance de l'arrondissement du domicile commun, qui peut donner ou refuser son autorisation, après que le mari aura été entendu ou dûment appelé en la chambre du conseil.

ART. 220. — La femme, si elle est marchande publique, peut, sans l'autorisation de son mari, s'obliger pour ce qui concerne son négoce; et, audit cas, elle oblige aussi son mari, s'il y a communauté entre eux.

Elle n'est pas réputée marchande publique, si elle ne fait que détailler les marchandises du commerce de son mari, mais seulement quand elle fait un commerce séparé.

ART. 221. — Lorsque le mari est frappé d'une condamnation emportant peine afflictive ou infamante, encore qu'elle n'ait été prononcée que par contumace, la femme, même majeure, ne peut, pendant la durée de la peine, ester en jugement, ni contracter, qu'après s'être fait autoriser par le juge, qui peut, en ce cas, donner l'autorisation, sans que le mari ait été entendu ou appelé.

Art. 222. — Si le mari est interdit ou absent, le juge peut, en connaissance de cause, autoriser la femme, soit pour ester en jugement, soit pour contracter.

Art. 223. — Toute autorisation générale, même stipulée par contrat de mariage, n'est valable que quant à l'administration des biens de la femme.

Art. 224. — Si le mari est mineur, l'autorisation du juge est nécessaire à la femme, soit pour ester en jugement, soit pour contracter.

Art. 225. — La nullité fondée sur le défaut d'autorisation ne peut être opposée que par la femme, par le mari, ou par leurs héritiers.

Art. 226. — La femme peut tester sans l'autorisation de son mari.

CHAPITRE VI.

DES ACTES DE DÉCÈS.

(Articles 77, 78 et 79 du Code civil.)

§ I.er *Précautions pour s'assurer du Décès.*

Art. 77. — Aucune inhumation ne sera faite sans une autorisation, sur papier libre et sans frais, de l'Officier de l'état civil, qui ne pourra la délivrer qu'après s'être transporté auprès de la personne décédée, pour s'assurer du décès, et que vingt-quatre heures après le décès, hors les cas prévus par les réglemens de police.

Les Officiers publics ne peuvent se dispenser de la vérification qui leur est imposée par cet article. Ils doivent se transporter auprès de l'individu dont le décès est déclaré, pour vérifier eux-mêmes si ce décès est réel, s'il y a identité, ou s'il y aurait présomption d'une mort violente. Ceux qui manquent à ce devoir et ne craignent pas d'attester qu'ils ont vérifié le décès, violent la loi et commettent un faux.

Les lieux de sépulture sont soumis à l'autorité et à la surveillance des administrations municipales. (*Voyez les décrets des 23 Prairial an XII et 4 Thermidor an XIII, rapportés à la seconde partie de cet ouvrage.*)

§ II. *Des Témoins appelés à la Confection de l'Acte.*

Art. 78. — L'acte de décès sera dressé par l'Officier de l'état civil, sur la déclaration de deux témoins. Ces témoins seront, s'il est possible, les deux plus proches parens ou voisins, ou, lorsqu'une personne sera décédée hors de son domicile, la personne chez laquelle elle sera décédée, et un parent ou autre.

L'appel des témoins n'a pas seulement pour objet de fortifier la certitude du fait de la mort dont l'Officier de l'état civil s'est déjà assuré; il est nécessaire, surtout, pour désigner la personne du défunt, en relevant ou en appuyant les énonciations prescrites par l'article suivant; et c'est parce que des parens ou des voisins connaissent mieux ces faits, qu'ils sont préférés à tous autres.

§ III. *Énonciations de l'Acte.*

Art. 79. — L'acte de décès contiendra les prénoms, nom, âge, profession et domicile de la personne décédée; les prénoms et nom de l'autre époux, si la personne décédée était mariée ou veuve; les prénoms, noms, âges, professions et domiciles des déclarans; et, s'ils sont parens, leur degré de parenté.

Le même acte contiendra de plus, autant qu'on pourra le savoir, les prénoms, noms, profession et domicile des père et mère du décédé, et le lieu de sa naissance.

Si l'*âge* du décédé n'est pas connu, on l'énonce approximativement; si l'on ignore le lieu précis de sa naissance, on indique le département, la province, le pays que signalent les indices qu'on peut être en mesure de recueillir.

Il ne faut point omettre d'énoncer dans l'acte le *jour* et l'*heure* du décès. C'est du jour du décès que date la viduité de l'autre époux; que s'ouvrent les successions; qu'un usufruit peut commencer ou s'éteindre. L'omission de l'heure peut aussi amener des difficultés en matière de succession.

Voyez le décret du *4 Juillet* 1806, sur la manière dont doit procéder l'Officier public, quand le cadavre d'un enfant, dont la naissance n'a pas été enregistrée, vient à lui être présenté.

DEUXIÈME SECTION. — DE LA MANIÈRE DE CONSTATER LES DÉCÈS DANS LES CIRCONSTANCES EXTRAORDINAIRES.

(Articles 80 à 87 du Code civil, inclusivement.)

§ I.er *Du Décès dans les Hôpitaux.*

ART. 80. — En cas de décès dans les hôpitaux militaires, civils ou autres maisons publiques, les supérieurs, directeurs, administrateurs et maîtres de ces maisons, seront tenus d'en donner avis, dans les vingt-quatre heures, à l'Officier de l'état civil, qui s'y transportera pour s'assurer du décès, et en dressera l'acte conformément à l'article précédent, sur les déclarations qui lui auront été faites, et sur les renseignemens qu'il aura pris.

Il sera tenu en outre, dans lesdits hôpitaux et maisons, des registres destinés à inscrire ces déclarations et ces renseignemens.

L'Officier de l'état civil enverra l'acte de décès à celui du dernier domicile de la personne décédée, qui l'inscrira sur les registres.

A l'égard des hôpitaux militaires, l'art. 485 de l'arrêté des consuls, en date du 24 Thermidor an VIII, porte : « Les directeurs des hôpitaux remettront, tous les mois, » un extrait dudit registre au Commissaire des guerres, » qui l'adressera au Ministre de la guerre, avec une » double expédition de l'acte de mort. » — Quant aux militaires décédés dans les autres hôpitaux et maisons, l'Officier de l'état civil devra envoyer deux doubles de l'acte de décès au Ministre de la guerre, par l'intermédiaire du Commissaire des guerres. Il aura soin d'y relater également le numéro du registre matricule qu'il aura trouvé sur le billet d'entrée ou sur les autres papiers du militaire. (*Instruction du Ministre de la guerre, du 24 Brumaire an XII.*)

L'envoi de ces deux expéditions ne dispense pas l'Officier public d'en adresser une troisième à l'Officier du domicile du défunt.

Les expéditions des actes de décès à envoyer à l'Officier du domicile de la personne décédée, sont faites sur papier libre. (*Art. 16 de la loi du 13 Brumaire an VII.*)

Lorsqu'un extrait d'acte de décès parvient à l'Officier de l'état civil, il doit en opérer la transcription sur les registres, à quelqu'époque qu'il en soit requis.

§ II. *De la Mort violente et de l'Acte qui en est dressé.*

Art. 81. — Lorsqu'il y aura des signes ou indices de mort violente, ou d'autres circonstances qui donneront lieu de le soupçonner, on ne pourra faire l'inhumation qu'après qu'un officier de police, assisté d'un docteur en médecine ou en chirurgie, aura dressé procès-verbal de l'état du cadavre et des circonstances y relatives, ainsi que des renseignemens qu'il aura pu recueillir sur les prénoms, nom, âge, profession, lieu de naissance et domicile de la personne décédée.

Art. 82. — L'Officier de police sera tenu de transmettre de suite à l'Officier de l'état civil du lieu où la personne sera décédée, tous les renseignemens énoncés dans son procès-verbal, d'après lesquels l'acte de décès sera rédigé.

L'Officier de l'état civil enverra une expédition à celui du domicile de la personne décédée, s'il est connu : cette expédition sera inscrite sur les registres.

Dans tous les cas de mort violente, le Maire, comme Officier de police judiciaire, doit appeler un homme de l'art, pour visiter, en sa présence, le cadavre de l'individu décédé et constater le genre de mort. Il dressera, en la même qualité, procès-verbal de cette opération, qu'il transmettra de suite au Procureur du Roi. (*Voy. les art.* 14 *et* 29 *du Code d'instr. crim.*)

Dans les communes où l'Officier de l'état civil est en même temps Officier de police, il est compétent pour dresser le procès-verbal. Mais dans les villes où il existe des Commissaires de police, c'est à eux, sur l'avis qui leur en est donné par le Maire, ou par tout autre, à remplir ces fonctions.

Si l'Officier public, en vérifiant le décès, soupçonne qu'il est le résultat d'un crime, il en informera de suite le Procureur du Roi.

Il est expressément prescrit aux Maires et autres Officiers de police de se faire représenter les corps des ouvriers qui auraient péri par accident, dans une exploitation, et de ne permettre leur inhumation qu'après que le procès-verbal de l'accident aura été dressé conformément à l'article 81 du Code civil, et sous les peines portées dans les articles 358 et 359 du Code pénal. — Lorsqu'il y aura impossibilité de parvenir jusqu'au lieu où se trouvent les corps des ouvriers dans les travaux, les exploitans, directeurs et autres ayant-cause des propriétaires, seront tenus de faire constater cette circonstance par le Maire ou autre Officier public, qui en dressera procès-verbal et le transmettra au Procureur du Roi, à la diligence duquel, et sur l'autorisation du tribunal, cet acte sera annexé au registre de l'état civil. (*Art.* 18 *et* 19 *du décret du 3 Janvier* 1813.)

La mort violente comprend le *duel* et le *suicide*, et l'intention du Gouvernement est qu'il n'en soit fait aucune mention dans les actes de décès. (*Inst. du Ministre de la guerre, du* 24 *Brumaire an XII.*) Voyez l'article 85 du Code civil.

Le décès des individus *noyés* ou *consumés dans les flammes*, dont on n'a point retrouvé les corps, ne peut se constater que par une enquête.

§ III. *Des Actes de Décès dans le cas de l'exécution à mort.*

ART. 83. — Les greffiers criminels seront tenus d'envoyer, dans les vingt-quatre heures de l'exécution des jugemens portant peine de mort, à l'Officier de l'état civil du lieu où le condamné aura été exécuté, tous les renseignemens énoncés en l'article 79, d'après lesquels l'acte de décès sera rédigé.

Ces renseignemens ne sont autres qu'une expédition du procès-verbal d'exécution, dressé par le greffier, et adressé par ce dernier à l'Officier de l'état civil. (*Voyez l'art. 378 du Code d'instr. crim.*)

§ IV. *Décès dans les Prisons, Maisons de détention et de réclusion.*

ART. 84. — En cas de décès dans les prisons ou maisons de réclusion et de détention, il en sera donné avis sur-le-champ, par les concierges ou gardiens, à l'Officier de l'état civil, qui s'y transportera, comme il est dit en l'article 80, et rédigera l'acte de décès.

§ V. *Énonciations interdites dans l'Acte de Décès.*

ART. 85. — Dans tous les cas de mort violente, ou dans les prisons et maisons de réclusion, ou d'exécution à mort, il ne sera fait sur les registres aucune mention de ces circonstances, et les actes de décès seront simplement rédigés dans les formes prescrites par l'article 79.

Les actes de décès, rédigés en conséquence des articles 82, 83 et 84 du Code civil, ne doivent faire aucune mention des causes ou des circonstances de la mort. Ils doivent être simplement rédigés, dans les formes prescrites par l'article 79, comme un acte ordinaire.

On a pensé que ce serait une rigueur inutile que de faire mention, sur les registres, du genre de mort ; l'infamie du supplice ne doit point poursuivre dans la tombe l'homme qui a satisfait à la loi ; autrement ce serait affliger sans but des parens souvent irréprochables, et perpétuer le préjugé qui étend à une famille entière la honte d'un seul de ses membres.

(Voyez le décret du 3 Janvier 1813, sur la manière de constater les décès accidentellement arrivés dans les mines.

§ VI. *Manière de constater les Décès sur Mer.*

ART. 86. — En cas de décès pendant un voyage de mer, il en sera dressé acte dans les vingt-quatre heures, en présence de deux témoins pris parmi les officiers du bâtiment, ou, à leur défaut, parmi les hommes de l'équipage. Cet acte sera rédigé, sur les bâtimens du Roi, par l'officier d'administration de la marine ; et sur les bâtimens appartenant à un négociant ou armateur, par le capitaine, maître ou patron du navire. L'acte de décès sera inscrit à la suite du rôle de l'équipage.

ART. 87. — Au premier port où le bâtiment abordera, soit de relâche ; soit pour toute autre cause que celle de son désarmement, les officiers de l'administration de la marine, capitaine, maître ou patron, qui auront rédigé des actes de décès, seront tenus d'en déposer deux expéditions, conformément à l'art. 60.

A l'arrivée du bâtiment dans le port du désarmement, le rôle d'équipage sera déposé au bureau du préposé à l'inscription maritime ; il enverra une expédition de l'acte de décès, de lui signée, à l'Officier de l'état civil du domicile de la personne décédée ; cette expédition sera inscrite de suite sur les registres.

Les dispositions ajoutées à l'article 60 du Code civil, sur l'inscription et la remise des actes de naissance, ont été également, et par les mêmes raisons, adaptées aux actes de décès et insérées dans les articles 86 et 87.

———

Il convient de joindre aux dispositions du Code relatives aux actes de décès, ce qui suit :

Dans chaque commune où ne réside pas un Juge de paix, le Maire, ou son Adjoint, est tenu de donner avis, sans aucun délai, au Juge de paix du canton, ou à défaut, à son suppléant, de la mort de toute personne de sa commune, qui laisse pour héritiers des pupilles, des mineurs ou des absens, à peine de suspension de ses fonctions. (*Arrêté du 22 Prairial an V.*)

Aux termes de l'article 55 de la loi du 22 Frimaire an VII, les Maires doivent faire, tous les trois mois, le relevé des actes de décès survenus dans les trois mois précédens, et envoyer ce relevé, fait sur papier libre ou non timbré, dans les quatre mois de Janvier, Avril, Juillet et Octobre, au receveur de l'enregistrement de l'arrondissement, à peine d'une amende de trente francs pour chaque mois de retard. Le receveur doit donner un *récépissé*.

Les Maires doivent aussi adresser, au Juge de paix de leur canton, les actes de décès des rentiers viagers et pensionnaires de l'état décédés dans leur commune, en indiquant le montant de la rente viagère ou pension dont le titulaire jouissait sur le trésor royal, ainsi que la nature de la pension civile, ecclésiastique, ou de veuves de militaires. (*Circulaire du 22 Novembre 1814.*) Ils adresseront de même à l'Intendant ou Sous-Intendant militaire, l'extrait de mort de tout militaire jouissant d'une solde de retraite ou de non activité. Dans ce cas, les actes seront sur papier libre.

Une circulaire, du 10 Juillet 1817, prescrit d'envoyer au Procureur du Roi les actes de décès des membres de la Légion-d'Honneur.

Nous terminerons ce chapitre en rappelant aux Officiers de l'état civil qu'ils doivent se montrer très-scrupuleux et très-attentifs à ne point admettre, comme preuve de décès, certaines pièces, certains certificats qui auraient été délivrés par le Ministre de la guerre, sur la demande des parties. Pour éviter les désordres et les méprises auxquels pourrait donner lieu l'usage irréfléchi de semblables documens, nous fixerons toute leur attention sur une circulaire de Sa Grandeur, du 19 Mai 1823, qui distingue quatre espèces de certificats et indique ceux auxquels on peut ajouter foi entière. (*Voyez, à la seconde partie, cette circulaire rapportée à sa date.*)

Résumé des Formalités ordinaires de l'Acte de Décès.

1.° L'année, le jour et l'heure où l'acte a été reçu ;

2.° Les nom et qualités du fonctionnaire public ;

2.° Les prénoms, noms, âges, professions et domiciles des deux témoins ; la déclaration s'ils sont parens de la personne décédée, et à quel degré ;

4.° Le jour et l'heure du décès ;

5.° Les prénoms, nom, âge, profession et domicile de la personne décédée ;

6.° Les prénoms et nom de l'autre époux ; si la personne décédée était mariée ou veuve ;

7.° Les prénoms, noms, âges, professions et domiciles des père et mère, autant qu'on pourra le savoir ;

8.° Le lieu où le décès est arrivé. (*Argument de l'article 79.*) ;

9.° La lecture qui doit être faite aux parties comparantes ;

10.° La signature de l'acte par l'Officier de l'état civil et les témoins ;

11.° La mention de la cause qui pourrait empêcher les témoins de signer.

CHAPITRE VII.

DES ACTES DE L'ÉTAT CIVIL

CONCERNANT LES MILITAIRES HORS DU TERRITOIRE FRANÇAIS.

(Art. 88 à 98 du Code civil, inclusivement.)

Art. 88. — Les actes de l'état civil faits hors du territoire du royaume, concernant des militaires ou autres personnes employés à la suite des armées, seront rédigés dans les formes prescrites par les dispositions précédentes ; sauf les exceptions contenues dans les articles suivans.

En général, l'état des militaires doit être constaté de la même manière que celui des autres citoyens ; mais cette règle n'est applicable qu'aux militaires qui sont en France ; elle cesse de l'être, lorsque les armées, dans lesquelles les militaires sont employés, se trouvent hors du territoire du royaume ; alors les institutions relatives aux actes de l'état civil sont placées trop loin pour qu'il leur soit possible d'y recourir. Le législateur a donc été obligé, en laissant d'ailleurs toute leur force aux dispositions que les circonstances n'empêchent pas de suivre, de modifier celles qui deviennent inexécutables ; c'est ce que décide l'art 88. (*Voyez les avis du Conseil d'état, des 17 Germinal et quatrième jour complémentaire an XIII.*)

Art. 89. — Le quartier-maître dans chaque corps d'un ou plusieurs bataillons ou escadrons, et le capitaine commandant dans les autres corps, rempliront les fonctions d'Officiers de l'état civil ; ces mêmes fonctions seront remplies, pour les Officiers sans troupes et pour les employés de l'armée, par l'inspecteur aux revues, attaché à l'armée ou au corps d'armée.

Depuis l'institution des *Majors*, un arrêté du premier

7

Vendémiaire an **XII**, a transporté la tenue des registres à ces Officiers. Il faut donc substituer le mot *major* au mot *quartier-maître*.

Art. 90. — Il sera tenu, dans chaque corps de troupes, un registre pour les actes de l'état civil relatifs aux individus de ce corps, et un autre à l'état-major de l'armée ou d'un corps d'armée, pour les actes civils relatifs aux officiers sans troupes et aux employés : ces registres seront conservés de la même manière que les autres registres des corps et états-majors, et déposés aux archives de la guerre, à l'entrée des corps ou armées sur le territoire du royaume.

Art. 91. — Les registres seront cotés et paraphés, dans chaque corps, par l'officier qui le commande ; et à l'état-major, par le chef de l'état-major général.

Art. 92. — Les déclarations de naissance à l'armée, seront faites dans les dix jours qui suivront l'accouchement.

Art. 93. — L'officier chargé de la tenue du registre de l'état civil devra, dans les dix jours qui suivront l'inscription d'un acte de naissance audit registre, en adresser un extrait à l'Officier de l'état civil du dernier domicile du père de l'enfant, ou de la mère, si le père est inconnu.

Le dernier domicile du militaire est celui qu'il avait avant de faire partie de l'armée. (*Argument de l'art.* 106 *du Code civil*). Une instruction du Ministre de la guerre, en date du 24 Brumaire an **XII**, porte : qu'à l'égard de l'envoi qui doit être fait au dernier domicile, des actes de naissances, mariages et décès des militaires hors du territoire, ce dernier domicile doit être celui où est né l'individu, à moins d'une déclaration contraire.

Art. 94. — Les publications de mariage des militaires et employés à la suite des armées, seront faites au lieu de leur dernier domicile : elles seront mises en outre, vingt-cinq jours avant la célébration du mariage, à l'ordre du jour du corps, pour les individus qui tiennent à un corps, et à celui de l'armée ou du corps d'armée, pour les officiers sans troupes, et pour les employés qui en font partie.

Les publications doivent être faites, non-seulement

dans la commune où était la dernière résidence, mais aussi dans celle où est le domicile des parens sous l'autorisation desquels on se marie. (*Instruction du Ministre de la guerre, du 24 Brumaire an XII.*)

ART. 95. — Immédiatement après l'inscription sur le registre, de l'acte de célébration du mariage, l'officier chargé de la tenue du registre en enverra une expédition à l'Officier de l'état civil du dernier domicile des époux.

ART. 96. — Les actes de décès seront dressés, dans chaque corps, par le quartier-maître; et pour les officiers sans troupes et les employés, par l'inspecteur aux revues de l'armée, sur l'attestation de trois témoins; et l'extrait de ces registres sera envoyé, dans les dix jours, à l'Officier de l'état civil du dernier domicile du décédé.

On ne peut admettre comme preuves de décès, de simples actes de notoriété fournis ultérieurement. (*Voyez l'avis du Conseil d'état, du 17 Germinal an XIII, et la circulaire du 19 Mai 1823.*)

ART. 97. — En cas de décès dans les hôpitaux militaires ambulans ou sédentaires, l'acte en sera rédigé par le directeur desdits hôpitaux, et envoyé au quartier-maître du corps, ou à l'inspecteur aux revues de l'armée ou du corps d'armée dont le décédé faisait partie : ces officiers en feront parvenir une expédition à l'Officier de l'état civil du dernier domicile du décédé.

ART. 98. — L'Officier de l'état civil du domicile des parties auquel il aura été envoyé de l'armée expédition d'un acte de l'état civil, sera tenu de l'inscrire de suite sur les registres.

Les dispositions relatives aux militaires hors du territoire français, sont applicables, non-seulement à ceux réunis en corps d'armée au-delà des frontières, ou qui y sont employés dans des corps détachés, mais aussi aux corps qui, dans un cas d'invasion ou de révolte, se trouveraient dans l'impossibilité de recourir aux voies ordinaires pour constater le décès des militaires qui seraient morts sur le champ de bataille, ou pour faire divers actes relatifs à l'état civil. Dans tous les autres cas, les militaires sont assujettis aux mêmes lois que le reste des citoyens.

(Voyez, sur les moyens de constater le décès des militaires absens, la loi du 14 Janvier 1817, rapportée à la deuxième partie de cet ouvrage.)

CHAPITRE VIII.

DE LA RECTIFICATION DES ACTES DE L'ÉTAT CIVIL.

Première Section. — Par qui la rectification doit être faite.

Art. 99. — Lorsque la rectification d'un acte de l'état civil sera demandée, il sera statué, sauf l'appel, par le tribunal compétent, et sur les conclusions du commissaire du Gouvernement. Les parties intéressées seront appelées, s'il y a lieu.

S'il a été commis des erreurs, des altérations ou des faux dans les registres de l'état civil, il est souvent nécessaire de les rectifier. Mais cette rectification ne peut être ordonnée, sur la demande des parties intéressées, que par les tribunaux, seuls juges en ce qui regarde l'état des citoyens.

Aucune rectification ne peut donc être faite d'*office*, ni par les tribunaux, ni par aucune autorité. Le Procureur du Roi, chargé de vérifier l'état *matériel* des registres, ne peut pas même, lorsqu'il vient à reconnaître qu'il y a eu erreur, défaut de formalités, ou simple omission dans un acte, en requérir, de son propre mouvement, la rectification. Mais elle peut être provoquée par ce magistrat dans toutes les circonstances qui intéressent l'ordre public. Ainsi il peut agir d'*office* toutes les fois qu'il s'agit :

1.° De contraventions commises par l'Officier public ;

2.° Du rétablissement en masse d'un grand nombre d'actes de l'état civil (*Circ. du 4 Novembre 1814.*) ; du remplacement de registres perdus, ou de registres qui n'auraient pas été tenus (*Loi du 25 Mars 1817, article 75.*);

3.º D'un individu qui, appelé par la loi au service militaire, tenterait de s'y soustraire, soit parce que son acte n'aurait point été porté sur les registres, soit parce qu'il renfermerait quelques erreurs (*Circ. du Garde-des-sceaux, du 27 Novembre 1821.*);

4.º D'un crime de suppression d'état ;

5.º D'une rectification qui concerne un indigent. (*Loi du 25 Mars 1817, art 75.*)

Rigoureusement, la rectification des actes est nécessaire dans tous les cas où il s'y est glissé des erreurs ou des omissions qui peuvent faire douter de l'identité des personnes ; mais, comme elle ne peut être faite qu'en vertu d'un jugement qui entraîne des frais, elle deviendrait onéreuse pour ceux qui n'en ont besoin que pour se marier. Par cette considération, le Conseil d'état, dans un avis du 30 Mars 1808, a décidé que la rectification n'est pas nécessaire dans le cas où le nom d'un des futurs ne serait pas, dans son acte de naissance, orthographié comme celui de son père, et dans celui où l'on aurait omis ou interverti quelqu'un des prénoms de ses parens : le témoignage des ascendans, assistant au mariage, suffit pour procéder à la célébration du mariage. Ils peuvent aussi, s'ils sont absens, attester l'identité dans l'acte de leur consentement donné en forme légale.

S'il n'y a point d'ascendans, l'identité est valablement attestée, pour les *mineurs*, par le conseil de famille ou par le tuteur *ad hoc ;* et pour les *majeurs*, par les quatre témoins de l'acte de mariage.

Enfin, dans le cas d'omission ou d'interversion d'un prénom dans l'acte de décès des père et mère ou ayeux dés futurs, la déclaration, avec serment, des personnes dont le consentement est nécessaire pour les *mineurs*, et celle des parties et des témoins pour les *majeurs*, est suffisante pour procéder à la célébration du mariage, sans qu'il soit nécessaire de toucher aux registres de l'état civil.

Ces formalités ne sont exigibles que lors de l'acte de célébration, et non pour les publications qui doivent toujours être faites conformément aux notes remises par les parties aux Officiers de l'état civil.

Les individus qui justifient de leur indigence par un certificat du Maire de la commune de leur résidence, ne sont assujettis à aucun paiement, pour les rectifications d'actes de l'état civil qui les concernent. Dans ce cas, la rectification est requise d'office par le Procureur du Roi, et les frais de toute espèce tombent à la charge du trésor public. (*Décision des Ministres de la justice et des finances, du 6 Brumaire an XI.*)

Si, dans l'instant qui suit la rédaction de l'acte, l'Officier de l'état civil s'aperçoit qu'il s'y est glissé quelqu'erreur, il peut la rectifier *immédiatement* avec le concours de tous ceux qui y sont présens, à moins que les irrégularités ne puissent être réparées sans nuire à la substance même des actes. (*Lettre du Ministre de la justice, du 29 Prairial an XIII.*) Hors ce cas, les lacunes, omissions, erreurs dans les registres de l'état civil, ne peuvent être remplies, suppléées et réparées que d'après un jugement des tribunaux, provoqué, ou par les particuliers qui y ont intérêt, ou par le ministère public, dans les circonstances où il peut agir d'office. (*Avis du Conseil d'état, du 30 Frimaire an XII.*)

SECONDE SECTION. — DES EFFETS DE LA RECTIFICATION.

ART. 100 — Le jugement de rectification ne pourra, dans aucun temps, être opposé aux parties intéressées qui ne l'auraient point requis, ou qui n'y auraient pas été appelés.

Tout jugement n'a d'effet qu'à l'égard des parties entre lesquelles il prononce. C'est en conséquence de ce principe que l'article 100 décide que le jugement de rectification ne pourra jamais être opposé aux parties intéressées qui ne l'auraient point requis, ou qui n'y auraient pas été appelées. Il en résulte qu'elles ne sont point obligées d'en relever appel, ni même d'y former opposition ; le jugement est à leur égard comme non avenu. (*Voyez l'art. 54 du Code civil.*)

TROISIÈME SECTION. — EXÉCUTION DES JUGEMENS DE RECTIFICATION.

ART. 101. — Les jugemens de rectification seront inscrits sur les registres par l'Officier de l'état civil aussitôt qu'ils lui auront été remis, et mention en sera faite en marge de l'acte réformé.

La rectification étant ordonnée, l'Officier de l'état civil se gardera bien de faire aucun changement sur l'acte qui doit être rectifié ; il inscrira seulement, sur les registres courans, et aussitôt qu'il l'aura reçue, l'expédition du jugement portant rectification, de laquelle il fera mention en marge de l'acte ; et si cet acte est inscrit sur un registre, dont le double est déposé au greffe, la mention sera faite sur ce registre, en marge de l'acte, par le greffier du tribunal ; à l'effet de quoi l'Officier de l'état civil en donnera avis, dans les trois jours, au Procureur du Roi, qui veillera à ce que la mention soit faite d'une manière uniforme sur les deux registres. (*Art. 49 du Code civil.*)

L'acte ainsi rectifié ne doit plus, à l'avenir, être délivré qu'avec les rectifications ordonnées, à peine de tous dommages et intérêts contre l'Officier qui l'aurait délivré.

La mention de rectification ne doit pas se borner à indiquer la date du jugement ; elle doit faire connaître en quoi consiste cette rectification, afin qu'il ne soit plus besoin de lever le jugement.

Il faut avoir soin de ménager sur les registres une marge assez large pour qu'on y puisse faire les mentions et annotations nécessaires. — Cette marge est ordinairement du quart de la largeur de la page.

Nous terminerons ici ce Commentaire. Nous avons tenu à ne présenter que des règles certaines, des principes sûrs. Comme dans une matière aussi compliquée, aussi étendue, les espèces varient à l'infini, il a dû nous être impossible de prévoir et de résoudre toutes les difficultés à naître. Si donc, dans la pratique, MM. les Maires rencontraient quelque obstacle non encore applani ; si l'ensemble des solutions fournies jusqu'à ce jour par l'autorité compétante et par les auteurs, et recueillies dans ce Manuel, était insuffisant pour les conduire à un résultat qui les satisfît pleinement, ils auraient à s'adresser à MM. les Procureurs du Roi de leur arrondissement, qui sont, dans ce cas, leurs guides naturels.

Au surplus, s'ils désiraient acquérir des connaissances plus étendues, nous les engageons à se procurer et à consulter l'excellent traité de M. Hutteau-d'Origny, sur *l'État civil et les améliorations dont il est susceptible* (1). C'est le seul ouvrage de doctrine qu'on puisse citer comme renfermant toute la législation qui intéresse les Officiers de l'état civil et les tribunaux. Il nous a été d'un grand secours pour compléter le travail de cette seconde édition.

(1) Un volume in—8.°, chez Demonville, Imprimeur—Libraire, rue Christine.

SECONDE PARTIE.

Lois, Décrets, Ordonnances, Avis du Conseil d'État, Décisions, Circulaires ministérielles et Arrêts relatifs aux Actes de l'État civil.

Arrêté *concernant les avis à donner de la mort des personnes qui laissent pour héritiers, des pupilles, des mineurs ou des absens.*

Du 22 Prairial an VII (10 Juin 1799).

Art. 1er. Dans chaque commune où ne réside pas un juge de paix, l'agent municipal, et à son défaut son adjoint, sont tenus de donner avis, sans aucun délai, au juge de paix résidant dans le canton, ou, à son défaut, au suppléant le plus voisin, de la mort de toute personne de son arrondissement, qui laisse pour héritiers, des pupilles, des mineurs ou des absens. (Et ce, à peine de suspension de leurs fonctions.)

Avis du Conseil d'État *sur les formalités à observer pour les rectifications à faire aux registres de l'état civil.*

Du 13 Nivôse an X (3 Janvier 1802).

Le Conseil d'État , etc.

Est d'avis que les principes sur lesquels repose l'état des hommes s'opposent à toute rectification des registres qui n'est pas le résultat d'un jugement provoqué par les parties intéressées à demander ou à contredire la rectification ; que ces principes ont toujours été respectés comme la plus ferme garantie de l'ordre social ; qu'ils ont été solennellement proclamés par l'ordonnance de 1667 , qui a abrogé *les enquêtes d'examen à futur;* qu'ils viennent d'être encore consacrés dans le projet de la troisième loi du code civil ; qu'on ne pourrait y déroger sans porter le trouble dans les familles, et préjudicier à des droits acquis ; que si la loi du 2 Floréal an III ordonna des rectifications d'office dans les départemens de l'ouest, cette mesure extraordinaire parut commandée par les suites de la guerre civile ; mais qu'elle a éprouvé des obstacles insurmontables dans son exécution ; que si le mauvais état des registres dans plusieurs départemens donne lieu à des difficultés et à de nombreuses contestations, il est encore plus conforme à l'intérêt public et aux intérêts des individus, de laisser opérer, suivant les cas, la rectification des actes de l'état civil par les tribunaux.

AVIS DU CONSEIL D'ETAT concernant les formalités à observer, pour inscrire sur les registres de l'état civil des actes qui n'y ont pas été portés dans les délais prescrits.

Du 12 Brumaire an XI (3 Novembre 1802).

Le Conseil d'Etat qui, d'après le renvoi des consuls, a entendu le rapport de la section de législation sur ceux des ministres de la justice et de l'intérieur, relatifs aux questions de savoir :

1°. Si l'Officier de l'état civil peut rédiger et inscrire, d'après les déclarations des parties, les actes de l'état civil non inscrits sur les registres dans les délais prescrits par la loi, ou s'il est nécessaire que cette inscription soit autorisée par un jugement ;

2°. Si, dans ce cas, il ne conviendrait pas que les Procureurs du Roi près les tribunaux intervinssent d'office pour requérir les jugemens, afin d'en éviter les frais aux parties ;

Est d'avis :

Sur la première question, que les principes qui ont motivé l'avis du 13 Nivôse an X, sur la rectification des actes de l'état civil, sont, à plus forte raison, applicables au cas de l'omission de ces actes sur les registres, puisque la rectification n'a pour objet que de substituer la vérité à une erreur dans un acte déjà existant, et que lorsqu'on demande à réparer une omission d'acte, il s'agit évidemment de donner un état ; que s'il était permis à l'officier de l'état civil de recevoir, sans aucune formalité, des déclarations tardives, et de leur donner de l'authenticité, on pourrait introduire des étrangers dans les familles, et que cette faculté serait la source des plus grands désordres ; que les actes omis ne peuvent être inscrits sur les registres, qu'en vertu de jugemens rendus en grande connaissance de cause de l'omission, contradictoirement avec les parties intéressées, ou elles appelées, et sur les conclusions du ministère public ; et que ces jugemens ne peuvent même être attaqués, en tout état, par les parties qui n'y auraient pas été appelées ;

Sur la seconde question, qu'il est plus convenable de laisser aux parties intéressées à faire réparer l'omission des actes de l'état civil, le soin de provoquer les jugemens, sauf le droit qu'ont incontestablement les Procureurs du Roi, d'agir d'office en cette matière dans les circonstances qui intéressent l'ordre public.

Loi *relative aux Prénoms et changemens de Noms.*

Du 11 Germinal an XI (1er Avril 1803).

TITRE PREMIER.

Des Prénoms.

ART. 1er. A compter de la publication de la présente loi, les noms en usage dans les différens calendriers, et ceux des personnages connus de l'Histoire ancienne, pourront seuls être reçus, comme prénoms, sur les registres de l'état civil destinés à constater la naissance des enfans ; il est interdit aux officiers publics d'en admettre aucun autre dans leurs actes.

ART. 2. Toute personne qui porte actuellement comme prénom, soit le nom d'une famille existante, soit un nom quelconque qui ne se trouve pas compris dans l'article précédent, pourra en demander le changement, en se conformant aux dispositions de ce même article.

ART. 3. Le changement aura lieu d'après un jugement du tribunal d'arrondissement, qui prescrira la rectification de l'acte de l'état civil.

Ce jugement sera rendu, le Procureur du Roi entendu, sur simple requête présentée par celui qui demandera le changement, s'il est majeur ou émancipé, et par ses père et mère ou tuteur, s'il est mineur.

TITRE DEUXIÈME.

Des changemens de Noms.

ART. 4. Toute personne qui aura quelques raisons de changer de nom, en adressera la demande motivée au Gouvernement.

ART. 5. Le Gouvernement prononcera dans la forme prescrite pour les réglemens d'administration publique.

ART. 6. S'il admet la demande, il autorisera le changement de nom, par un arrêté rendu dans la même forme, mais qui n'aura son exécution qu'après la révolution d'une année, à compter du jour de son insertion au Bulletin des Lois.

ART. 7. Pendant le cours de cette année, toute personne y ayant droit sera admise à présenter requête au Gouvernement, pour obtenir la révocation de l'arrêté autorisant le changement de nom, et cette révocation sera prononcée par le Gouvernement, s'il juge l'opposition fondée.

ART. 8. S'il n'y a pas eu d'oppositions, ou si celles qui ont été faites n'ont point été admises, l'arrêté autorisant le changement de nom, aura son plein et entier effet à l'expiration de l'année.

ART. 9. Il n'est rien innové, par la présente loi, aux dispositions des lois existantes relatives aux questions d'état entraînant changement de noms, qui continueront à se poursuivre devant les tribunaux dans les formes ordinaires.

ARRÊTÉ *sur le mode de délivrance des Dispenses relatives au mariage.*

Du 20 Prairial an XI (9 Juin 1803).

Vu les articles 144, 157 et 163 du Code civil, etc.

ART. 1er. Les dispenses pour se marier avant dix-huit ans révolus pour les hommes et quinze ans révolus pour les femmes, et celles pour se marier dans les degrés prohibés par l'article 157 du premier livre du Code civil, seront délivrées par le Gouvernement, sur le rapport du Grand-Juge.

ART. 2. Le Procureur du Roi près le tribunal de première instance de l'arrondissement dans lequel les impétrans se proposent de célébrer le mariage, lorsqu'il s'agira de dispenses dans les degrés prohibés, ou de l'arrondissement dans lequel l'impétrant a son domicile, lorsqu'il s'agira de dispenses d'âge, mettra son avis au pied de la pétition tendant à obtenir ces dispenses, et elle sera de suite adressée au Grand-Juge.

ART. 3. Les dispenses de la seconde publication de bancs, dont est mention dans l'article 163 du même livre du Code civil, seront accordées, s'il y a lieu, au nom du Gouvernement, par le Procureur du Roi près le tribunal de première instance, dans l'arrondissement duquel les impétrans se proposent de célébrer leur mariage; et il sera rendu compte, par ce magistrat, au Grand-Juge, ministre de la justice, des causes graves qui auront donné lieu à chacune de ces dispenses.

ART. 4. La dispense d'une seconde publication de bancs sera déposée au secrétariat de la commune où le mariage sera célébré. Le secrétaire en délivrera une expédition dans laquelle il sera fait mention du dépôt, et qui demeurera annexée à l'acte de célébration de mariage.

ART. 5. L'arrêté du Gouvernement portant la dispense d'âge, ou celle dans les degrés prohibés, sera, à la diligence du Procureur du

Roi, et en vertu de l'ordonnance du Président, enregistré au greffe du tribunal civil de l'arrondissement dans lequel le mariage sera célébré. Une expédition de cet arrêté, dans laquelle il sera fait mention de l'enregistrement, demeurera annexée à l'acte de célébration du mariage.

AVIS DU CONSEIL D'ETAT *relatif au mode de suppléer le défaut de signature de l'Officier de l'état civil, décédé ou autrement empêché.*

Du 30 Frimaire an XII (22 Décembre 1803).

Le Conseil d'Etat qui, d'après le renvoi du Gouvernement, a entendu le rapport de la section de l'intérieur sur celui du ministre chargé de ce département, tendant à ce qu'il soit présenté au corps législatif une loi pour autoriser le Maire actuel de la commune de Silly, département du Léman, à signer des actes de naissance et décès de l'an 8, que n'a pas signé l'agent-municipal qui était alors en exercice et est décédé depuis ;

Vu les avis du Conseil d'Etat, en date des 12 Nivôse an X et 8 Brumaire an XI ;

Est d'avis que les lacunes, omissions, erreurs dans les registres de l'état civil, doivent être remplies, suppléées ou réparées d'après un jugement des tribunaux provoqué, ou par les particuliers qui y ont intérêt, ou par le ministère public ;

Que dans ce cas particulier, les registres des communes devant être déposés au greffe du tribunal d'arrondissement, et le Commissaire du Gouvernement, aux termes de l'article 53 de la loi du 20 Ventôse an XI, devant dresser procès-verbal de ce dépôt, après examen, il assurera la régularisation des registres, en vertu d'un jugement qu'il provoquer ad'office, sans qu'il soit besoin de loi.

DÉCRET *sur les Sépultures.*

Du 23 Prairial an XII (12 Juin 1804).

TITRE PREMIER.

Des Sépultures et des Lieux qui leur sont consacrés.

ART. 1er. Aucune inhumation n'aura lieu dans les églises, temples, synagogues, hôpitaux, chapelles publiques, et généralement dans aucun des édifices clos et fermés où les citoyens se réunissent pour la célébration de leurs cultes, ni dans l'enceinte des villes et bourgs.

ART. 2. Il y aura, hors de chacune de ces villes ou bourgs, à la distance de trente-cinq à quarante mètres au moins de leur enceinte, des terrains spécialement consacrés à l'inhumation des morts.

ART. 3. Les terrains les plus élevés et exposés au nord seront choisis de préférence ; ils seront clos de murs de deux mètres au moins d'élévation. On y fera des plantations, en prenant les précautions convenables pour ne point gêner la circulation de l'air.

ART. 4. Chaque inhumation aura lieu dans une fosse séparée ; chaque fosse qui sera ouverte, aura un mètre cinq décimètres à deux mètres de profondeur, sur huit décimètres de largeur, et sera ensuite remplie de terre bien foulée.

ART. 5. Les fosses seront distantes les unes des autres de trois à quatre décimètres sur les côtés, et de trois à cinq décimètres à la tête et aux pieds.

ART. 6. Pour éviter le danger qu'entraîne le renouvellement trop rapproché des fosses, l'ouverture des fosses pour de nouvelles sépultures n'aura lieu que de cinq années en cinq années ; en conséquence, les terrains destinés à former les lieux de sépulture, seront cinq fois plus étendus que l'espace nécessaire pour y déposer le nombre présumé des morts qui peuvent y être enterrés chaque année.

TITRE II.

De l'établissement des nouveaux Cimetières.

ART. 7. Les communes qui seront obligées, en vertu des articles 1 et 2 du titre Ier, d'abandonner les cimetières actuels et de s'en procurer de nouveaux hors de l'enceinte de leurs habitations, pourront, sans autre autorisation que celle qui leur sera accordée par la déclaration du 10 Mars 1776, acquérir les terrains qui leur seront nécessaires, en remplissant les formes voulues par l'arrêté du 7 Germinal an IX.

ART. 8. Aussitôt que les nouveaux emplacemens seront disposés à recevoir les inhumations, les cimetières existans seront fermés et resteront dans l'état où ils se trouveront, sans que l'on en puisse faire usage pendant cinq ans.

ART. 9. A partir de cette époque, les terrains servant maintenant de cimetières pourront être affermés par les communes auxquelles ils appartiennent ; mais à condition qu'ils ne seront qu'ensemencés ou plantés, sans qu'il puisse y être fait aucune fouille ou fondation pour des constructions de bâtiment, jusqu'à ce qu'il en soit autrement ordonné.

TITRE III.

Des concessions de terrains dans les Cimetières.

ART. 10. Lorsque l'étendue des lieux consacrés aux inhumations le

permettra, il pourra y être fait des concessions de terrains aux personnes qui désireront y posséder une place distincte et séparée pour
y fonder leur sépulture et celle de leurs parens ou successeurs, et y
construire des caveaux, monumens ou tombeaux.

Art. 11. Les concessions ne seront néanmoins accordées qu'à ceux
qui offriront de faire des fondations ou donations en faveur des pauvres
et des hôpitaux, indépendamment d'une somme qui sera donnée à la
commune, et lorsque ces fondations ou donations auront été autorisées
par le Gouvernement, dans les formes accoutumées, sur l'avis des
Conseils municipaux et la proposition des Préfets.

Art. 12. Il n'est point dérogé, par les deux articles précédens, aux
droits qu'a chaque particulier, sans besoin d'autorisation, de faire
placer sur la fosse de son parent ou de son ami une pierre sépulcrale
ou autre signe indicatif de sépulture, ainsi qu'il a été pratiqué jusqu'à
présent.

Art. 13. Les Maires pourront également, sur l'avis des administrations des hôpitaux, permettre que l'on construise, dans l'enceinte de
ces hôpitaux, des monumens pour les fondateurs et bienfaiteurs de ces
établissemens, lorsqu'ils en auront déposé le désir dans leurs actes de
donation, de fondation ou de dernière volonté.

Art. 14. Toute personne pourra être enterrée sur sa propriété,
pourvu que ladite propriété soit hors et à la distance prescrite de l'enceinte des villes et bourgs.

TITRE IV.

De la Police des lieux de sépulture.

Art. 15. Dans les communes où l'on professe plusieurs cultes,
chaque culte doit avoir un lieu d'inhumation particulier ; et dans les
cas où il n'y aurait qu'un seul cimetière, on le partagera par des
murs, haies ou fossés, en autant de parties qu'il y a de cultes différens, avec une entrée particulière pour chacune ; et en proportionnant
cet espace au nombre d'habitans de chaque culte.

Art. 16. Les lieux de sépulture, soit qu'ils appartiennent aux communes, soit qu'ils appartiennent aux particuliers, seront soumis à
l'autorité, police et surveillance des administrations municipales.

Art. 17. Les autorités locales sont spécialement chargées de mainte-
nir l'exécution des lois et réglemens qui prohibent les exhumations non
autorisées, et d'empêcher qu'il ne se commette dans les lieux de sépulture aucun désordre, ou qu'on s'y permette aucun acte contraire au
respect dû à la mémoire des morts.

TITRE V.

Des Pompes funèbres.

ART. 18. Les cérémonies précédemment usitées pour les convois, suivant les différens cultes, seront rétablies, et il sera libre aux familles d'en régler la dépense selon leurs moyens et facultés : mais hors de l'enceinte des églises et des lieux de sépulture, les cérémonies religieuses ne seront permises que dans les communes où l'on ne professe qu'un seul culte, conformément à l'article 45 de la loi du 18 Germinal an X.

ART. 19. Lorsque le ministre d'un culte, sous quelque prétexte que ce soit, se permettra de refuser son ministère pour l'inhumation d'un corps, l'autorité civile, soit d'office, soit sur la réquisition de la famille, commettra un autre ministre du même culte pour remplir ces fonctions ; dans tous les cas, l'autorité civile est chargée de faire porter, présenter, déposer et inhumer le corps.

ART. 20. Les frais et rétributions à payer aux ministres des cultes et autres individus attachés aux églises et temples, tant pour leur assistance aux convois que pour les services requis par les familles, seront réglés par le Gouvernement, sur l'avis des évêques, des consistoires et des Préfets, et sur la proposition du conseiller d'état chargé des affaires concernant les cultes. Il ne sera rien alloué pour leur assistance à l'inhumation des individus inscrits aux rôles des indigens.

ART. 21. Le mode le plus convenable pour le transport des corps sera réglé, suivant les localités, par les Maires, sauf l'approbation des Préfets.

ART. 22. Les fabriques des églises et les consistoires jouiront seuls du droit de fournir les voitures, tentures, ornemens, et de faire généralement toutes les fournitures quelconques nécessaires pour les enterremens, et pour la décence ou la pompe des funérailles.

Les fabriques et consistoires pourront faire exercer ou affermer ce droit, d'après l'approbation des autorités civiles sous la surveillance desquelles ils sont placés.

ART. 23. L'emploi des sommes provenant de l'exercice ou de l'affermage de ce droit, sera consacré à l'entretien des églises, des lieux d'inhumation, et au paiement des desservans ; cet emploi sera réglé et réparti sur la proposition du conseiller d'état chargé des affaires concernant les cultes, et d'après l'avis des Évêques et des Préfets.

ART. 24. Il est expressément défendu à toutes autres personnes, quelles que soient leurs fonctions, d'exercer le droit susmentionné, sous telle peine qu'il appartiendra, sans préjudice des droits résultant des marchés existans et qui ont été passés entre quelques entrepreneurs et les Préfets ou autres autorités civiles, relativement aux convois et pompes funèbres.

Art. 25. Les frais à payer par les successions des personnes décédées, pour les billets d'enterrement, le prix des tentures, les bières et le transport des corps, seront fixés par un tarif proposé par les administrations municipales, et arrêté par les Préfets.

Art. 26. Dans les villages et autres lieux où le droit précité ne pourra être exercé par les fabriques, les autorités locales y pourvoiront, sauf l'approbation des Préfets.

Avis du Conseil d'État *sur les preuves admissibles pour constater le décès des Militaires.*

Du 17 Germinal an XIII (7 Avril 1805).

Le Conseil d'Etat, qui a entendu le rapport de la section de législation sur celui du Grand-Juge, ministre de la justice, tendant à faire décider si, en l'absence de preuves positives du décès d'un militaire, on peut admettre, pour les remplacer, des présomptions résultant soit de témoignages vocaux, soit de l'absence prolongée pendant plusieurs années ;

Est d'avis :

1°. Qu'il y aurait, comme l'observe le Grand-Juge lui-même, un extrême danger à admettre, comme preuve de décès, de simples actes de notoriété fournis après coup et résultant le plus souvent de quelques témoignages achetés ou arrachés à la faiblesse; qu'ainsi cette voie est impraticable ;

2°. Qu'à l'égard de l'absence, ses effets sont réglés par le Code civil en tout ce qui concerne les biens ; mais qu'on ne peut aller au-delà, ni déclarer le mariage de l'absens dissous après un certain nombre d'années ; qu'à la vérité plusieurs femmes de militaires peuvent, à ce sujet, se trouver dans une position fâcheuse, mais que cette considération n'a point paru, lors de la discussion du Code civil, assez puissante pour les relever de l'obligation de rapporter une preuve légale, sans laquelle on exposerait la société à de déplorables erreurs, et à des inconvéniens beaucoup plus graves que les maux particuliers auxquels on voudrait obvier.

En cet état, le Conseil estime qu'il n'y a pas lieu de déroger au droit commun, ni d'y introduire une exception que la législation n'a jamais admise.

Avis du Conseil d'État *sur les formalités relatives au Mariage.*

Du 4 Thermidor an XIII (23 Juillet 1805).

Le Conseil d'Etat, auquel Sa Majesté a renvoyé un rapport du Grand-

Juge , ministre de la justice , sur les difficultés que rencontrent beaucoup de mariages dans l'application de divers articles du Code civil ;

Après avoir ouï le rapport de la section de législation :

Considérant que les difficultés naissent de ce que les officiers de l'état civil ne discernent pas assez soigneusement les divers cas que la loi a voulu régler , de ceux qu'elle a laissés à la disposition des principes généraux et du droit commun ;

Que, quoique l'acte de naissance des futurs mariés soit nécessaire , il est pourtant permis de le remplacer par les formalités mentionnées dans l'article 71 ; mais que ces formalités, prescrites lorsqu'il s'agit de suppléer au titre constitutif de l'état des personnes , ne peuvent être exigées eu remplacement d'actes moins essentiels ; qu'il ne faut donc pas, pour remplacer l'acte de décès des pères et mères ou ascendans, un acte de notoriété contenant la déclaration de sept témoins et homologué par le tribunal ;

Que le supplément naturel de l'acte de décès des pères et mères est dans la présence des aïeuls et aïeules, et dans l'attestation qu'on peut leur demander de ce décès ;

Que si , par l'ignorance du lieu où sont décédés les pères et mères et ascendans, on ne peut produire leur acte de décès ; que si, comme cela arrive souvent dans les classes pauvres , par l'ignorance du dernier domicile, on ne peut recourir à l'acte de notoriété prescrit par l'article 155 et destiné à constater l'absence d'un domicile connu, dans ce cas, la raison suggère de se contenter de la déclaration des témoins; que déjà, dans beaucoup d'occasions semblables , les officiers de l'état civil de Paris ont procédé aux mariages sur des actes de notoriété passés ou devant notaires ou devant les juges de paix , par des témoins que les parties ont produits ;

Qu'il n'en est résulté aucun inconvénient ni plainte ; qu'il en est au contraire résulté beaucoup, lorsque, dans des cas pareils , on a voulu être plus rigoureux et exiger davantage ;

Que même plusieurs fois on a suivi une voie plus simple et encore moins coûteuse que celle des actes de notoriété , et qui mérite d'être préférée et de devenir générale : on s'est contenté de la déclaration des quatre témoins nécessaires à l'acte de mariage , faite à l'officier public et mentionnée dans cet acte ;

Que cette déclaration , aussi solennelle qu'un acte de notoriété , est sans danger relativement au mariage des majeurs, pour lequel le consentement ou le conseil des ascendans n'est pas d'une nécessité absolue et dirimante;

Que rien n'est à craindre relativement au mariage des mineurs, puisqu'en force de l'article 160 du Code civil, toutes les fois qu'il n'y a ni pères ni mères, ni aïeuls ou aïeules, ou qu'ils se trouvent dans l'impossibilité de manifester leur volonté, les fils ou filles mineurs de vingt-un ans ne peuvent contracter mariage sans le consentement du conseil de famille ;

Est d'avis :

1°. Qu'il n'est pas nécessaire de produire les actes de décès des pères et mères des futurs mariés, lorsque les aïeuls ou aïeules attestent ce décès ; et, dans ce cas, il doit être fait mention de leur attestation dans l'acte de mariage ;

2°. Que si les pères, mères, aïeuls ou aïeules, dont le consentement ou conseil est requis, sont décédés, et si l'on est dans l'impossibilité de produire l'acte de leur décès ou la preuve de leur absence, faute de connaître leur dernier domicile, il peut être procédé à la célébration du mariage des majeurs, sur leur déclaration à serment que le lieu du décès et celui du dernier domicile de leurs ascendans leur sont inconnus. Cette déclaration doit être certifiée aussi par serment des quatre témoins de l'acte de mariage, lesquels affirment que, quoiqu'ils connaissent les futurs époux, ils ignorent le lieu du décès de leurs ascendans et leur dernier domicile. Les officiers de l'état civil doivent faire mention, dans l'acte de mariage, desdites déclarations.

DÉCRET *relatif aux autorisations des Officiers de l'état civil pour les Inhumations.*

Du 4 Thermidor an XIII (23 Juillet 1805).

Sur le rapport du Grand-Juge ministre de la justice ;

Vu l'article 77 du Code civil, portant « Aucune inhumation ne » sera faite sans une autorisation sur papier libre et sans frais de » l'officier de l'état civil ; »

Vu le décret du 23 Prairial an XII, sur les sépultures, qui soumet à l'autorité, police et surveillance des administrations municipales, les lieux de sépulture, et accorde aux fabriques des églises et consistoires le droit exclusif de faire les fournitures nécessaires pour les enterremens ;

Le Conseil d'Etat entendu,

DÉCRÈTE :

ART. 1er. Il est défendu à tous Maires, Adjoints et Membres d'administrations municipales, de souffrir le transport, présentation, dépôt, inhumation des corps, ni l'ouverture des lieux de sépulture ; à toutes fabriques d'églises et consistoires, ou autres ayant droit de faire les fournitures requises pour les funérailles, de livrer lesdites fournitures ; à tous curés, desservans et pasteurs, d'aller lever aucuns corps, ou de les accompagner hors des églises et temples, qu'il ne leur apparaisse de l'autorisation donnée par l'officier de l'état civil pour l'inhumation, à peine d'être poursuivis comme contrevenant aux lois.

AVIS DU CONSEIL D'ETAT *sur les formalités à observer pour la célébration du Mariage des militaires résidant sur le territoire du Royaume.*

Du 4ᵉ Jour complémentaire an XIII (21 Septembre 1805).

Le Conseil d'Etat, qui a entendu le rapport de la section de législation sur celui du Grand-Juge, ministre de la justice, tendant à faire décider si les militaires ne peuvent contracter mariage que devant l'officier de l'état civil du domicile de l'un des époux, et si ce domicile doit être acquis pour le militaire, par six mois d'habitation dans le lieu où le mariage sera célébré;

Considérant que l'article 165 du Code civil porte que le mariage sera célébré par l'officier civil du domicile de l'une des parties; que ce domicile, aux termes de l'article 74, est acquis par six mois d'habitation continue dans la même commune; que les articles 94 et 95 du Code civil ne concernent que les militaires hors du territoire du royaume; qu'il n'y a nulle exception en faveur des militaires en activité de service dans l'intérieur;

Est d'avis que les militaires, lorsqu'ils se trouvent sur le territoire du royaume, ne peuvent contracter mariage que devant les officiers de l'état civil des communes où ils ont résidé sans interruption pendant six mois, ou devant l'officier de l'état civil de la commune où leurs futures épouses ont acquis le domicile fixé par l'article 74 du Code civil, et après avoir rempli les formalités prescrites par les articles 166, 167 et 168.

DÉCRET *concernant le mode de rédaction de l'Acte par lequel l'Officier de l'état civil constate qu'il lui a été présenté un enfant sans vie.*

Du 4 Juillet 1806.

ART. 1ᵉʳ. Lorsque le cadavre d'un enfant dont la naissance n'a pas été enregistrée, sera présenté à l'officier de l'état civil, cet officier n'exprimera pas qu'un tel enfant est décédé, mais seulement qu'il lui a été présenté sans vie. Il recevra de plus la déclaration des témoins, touchant les noms, prénoms, qualités et demeures des père et mère de l'enfant, et la désignation des an, jour et heure auxquels l'enfant est sorti du sein de sa mère.

ART. 2. Cet acte sera inscrit à sa date sur les registres des décédés, sans qu'il en résulte aucun préjugé sur la question de savoir si l'enfant a eu vie ou non.

Avis du Conseil d'Etat *sur les extraits des Registres de l'état civil, délivrés par des employés des mairies, qualifiés de* secrétaires.

Du 2 Juillet 1807.

Le Conseil d'Etat, qui a pris connaissance d'un rapport fait par le ministre de l'intérieur, et par lequel ce ministre demande que le Conseiller d'Etat prononce sur la validité des extraits des registres de l'état civil et des actes de mairie délivrés et certifiés par des employés des mairies, qualifiés de *secrétaires* ;

Considérant, 1° que la loi du 28 Pluviôse an VIII n'a point recréé les secrétaires des administrations municipales supprimées, ni donné de signature publique à aucun des employés des mairies actuelles, et que conséquemment ces employés ne peuvent rendre authentiques aucun acte, aucune expédition, aucun extrait des actes des autorités, parce qu'il est de principe que personne n'a de caractère public qu'autant que la loi le lui a conféré ;

2°. Que néanmoins, et depuis la loi du 28 Pluviôse, il a été délivré un grand nombre d'extraits des registres de l'état civil, sous le certificat et la signature d'employés qui se qualifient de *secrétaires* ou de *secrétaires généraux* de mairie ; que plusieurs de ces actes ont été reçus en justice et ont servi de base ou de pièces justificatives à des jugemens, ou à des procédures non terminées, qui seraient dans le cas d'être recommencées, si ces extraits n'étaient pas admis comme authentiques ;

3°. Que ces extraits ont été délivrés par ces employés et reçus par les parties avec bonne foi de part et d'autre ; de la part des employés, qui ont pu conclure de quelques actes du Gouvernement qu'on leur reconnaissait un caractère public ; de la part des parties, qui pouvaient d'autant moins reconnaître l'erreur commune, que la très-grande majorité de ces extraits ont été légalisés, soit par les présidens des tribunaux de première instance depuis la loi du 20 Ventôse an XI., soit antérieurement par les Préfets des départemens ou les autres fonctionnaires qui les remplaçaient en cas d'absence ou d'empêchement ;

4°. Et qu'enfin de tout temps, et dans toutes les législations, l'erreur commune et la bonne foi ont suffi pour couvrir, dans les actes et même dans les jugemens, des irrégularités que les parties n'avaient pu ni prévoir ni empêcher ;

Est d'Avis :

1°. Que tous les extraits des registres des actes de l'état civil délivrés depuis la loi du 28 Pluviôse an VIII, sous le certificat et la signature des employés dits *secrétaires* ou *secrétaires généraux* de mairie, jusqu'au jour de la publication du présent avis, doivent être considérés comme authentiques, si cette signature a été, avant cette dernière époque, légalisée soit par les Maires et les Préfets de département avant la loi du 20 Ventôse an XI, soit depuis par les présidens des tribunaux de première instance, ou par les fonctionnaires publics qui remplissaient momentanément les fonctions des uns et des autres, sauf les inscriptions en faux en cas de droit;

2°. Que le ministre de l'intérieur doit rappeler de nouveau, par une instruction, que les employés des mairies, qui se qualifient de *secrétaires* et de *secrétaires généraux*, n'ont point de caractère public; qu'ils ne peuvent rendre authentiques aucun acte, aucune expédition, ni aucun extrait des actes des autorités; que notamment les extraits des actes de l'état civil ne peuvent être délivrés que par le fonctionnaire public dépositaire des registres;

3°. Et qu'en général, et pour prévenir toute équivoque à l'avenir, le ministre doit rappeler aux Maires que, dans les actes où l'administrateur est le seul responsable, sa signature seule est nécessaire, et qu'il ne doit point y en être apposé d'autres.

DÉCRET *concernant les Droits à percevoir par les Officiers de l'état civil.*

Du 12 Juillet 1807.

ART. 1er. Conformément aux lois des 20 Septembre et 21 Décembre 1792 et du 3 Ventôse an III, il continuera à être perçu par les Officiers de l'état civil,

Pour chaque expédition d'un acte de naissance, de décès, ou de publication de mariage, trente centimes, ci. . . . . o f. 30 c.

Plus, pour le remboursement du droit de timbre, et le dixième en sus pour la taxe de guerre, quatre-vingt-trois centimes, ci. . . . . o 83

. . . . 1 13

Pour celles des actes de mariage, d'adoption et de divorce, soixante centimes, ci. . . . . o 60

Plus, pour le droit de timbre et la taxe de guerre, quatre-vingt-trois centimes, ci. . . . . o 83

. . . . 1 43

Aʀᴛ. 2. Dans les villes de cinquante mille âmes et au-dessus, pour chaque expédition d'acte de naissance, de décès et de mariage, cinquante centimes, ci. . . . .   o   5o

Plus, pour le droit de timbre et la taxe de guerre, quatre-vingt-trois centimes, ci. . . . .   o   83

                                                          1   3o

Pour celles des actes de mariage, d'adoption et de divorce, un franc, ci.   1   oo

Plus, pour le droit de timbre et la taxe de guerre, quatre-vingt-trois centimes; ci. . . . .   o   83

                                                          1   83

Aʀᴛ. 5. A Paris, pour chaque expédition d'acte de nais-sance, de décès et de publication de mariage, soixante-quinze centimes, ci. . . . .   o   75

Plus, pour le droit de timbre et la taxe de guerre, quatre-vingt-trois centimes, ci. . . . .   o   83

                                                          1   58

Pour celles des actes de mariage, de divorce et d'adoption, un franc cinquante centimes, ci.   1   5o

Plus, pour le droit de timbre et la taxe de guerre, quatre-vingt-trois centimes, ci. . . . .   o   83

                                                          2   33

Aʀᴛ. 4. Il est defendu d'exiger d'autres taxes et droits, à peine de concussion ;

Il n'est rien dû pour la confection desdits actes et leur inscription dans les registres ;

Aʀᴛ. 5. Le présent décret sera constamment affiché en placard et en gros caractères, dans chacun des bureaux ou lieux où les déclarations relatives à l'état civil sont reçues, et dans tous les dépôts des registres.

DÉCRET *concernant les Tables alphabétiques des Actes de l'état civil.*

Du 20 Juillet 1807.

ART. 1er. Les tables alphabétiques des actes de l'état civil continue-ront à être faites annuellement, et refondues tous les dix ans pour n'en faire qu'une seule par commune, à compter du dernier Jour complé-mentaire an X (21 Septembre 1802) jusqu'au 1er Janvier 1813, et ainsi successivement de dix ans en dix ans.

ART. 2. Les tables annuelles seront faites par les officiers de l'état civil, dans le mois qui suivra la clôture du registre de l'année précé-dente : elles seront annexées à chacun des doubles registres ; et, à cet effet, nos Procureurs royaux veilleront à ce qu'une double expédition soit adressée par les Maires au greffe du tribunal, dans les trois mois du délai.

ART. 3. Les tables décennales seront faites dans les six premiers mois de la onzième année, par les greffiers des tribunaux de première instance.

ART. 4. Les tables annuelles et décennales seront faites sur papier timbré, et certifiées par les dépositaires respectifs.

ART. 5. Les tables décennales seront faites en triple expédition pour chaque commune : l'une restera au greffe ; la seconde sera adressée au Préfet du département, et la troisième à chaque mairie du ressort du tribunal.

ART. 6. Les expéditions faites pour la préfecture seront payées aux greffiers des tribunaux sur les fonds destinés aux dépenses administra-tives du département, à raison d'un centime par nom, non compris le prix du timbre. Chaque feuille contiendra quatre-vingt-seize noms ou lignes.

ART. 7. Les expéditions destinées aux communes seront payées par chacune d'elles, et seront conformes aux autres.

ART. 8. Pour l'expédition de celle qui doit rester au tribunal, il ne sera remboursé au greffier, à titre de frais judiciaires, que le prix du papier timbré.

ART. 9. La table décennale sera faite dans la forme qui suit :

DEPARTEMENT
d
———
ARRONDISSEMENT
d

COMMUNE
d
———
An 1823 à l'an 1833.

Table décennale des Actes de Mariage de la commune d
du 1ᵉʳ Janvier 1823 au 1ᵉʳ Janvier
1833, dressée en exécution du Décret du 20 Juillet 1807.

NOM ET PRENOMS DES MARIÉS.	DATES DES ACTES ou DES REGISTRES.
AUBERT (Claude) marié à Françoise CHALAIS.	Le 2 Vendémiaire an 11 ou le 5 Janvier 1806, etc., etc.

ART. 10. Il sera fait des tables distinctives, mais à la suite les unes des autres, des actes de naissance, de mariage, de divorce et de décès, soit annuelles, soit décennales.

AVIS DU CONSEIL D'ETAT *sur le mode de Transcription des jugemens portant rectification d'Actes de l'état civil, et de délivrance des Actes rectifiés.*

Du 4 Mars 1808.

Le Conseil d'Etat, qui a entendu le rapport de la section de législation sur celui du Grand-Juge, ministre de la justice, tendant à faire statuer sur la difficulté qui existe à Paris, entre l'autorité administrative et l'autorité judiciaire, relativement au mode de transcription sur le registre de l'état civil des jugemens de rectification, et à la délivrance des actes rectifiés ;

Considérant qu'aux termes de l'article 101 du Code civil, les jugemens de rectification des actes de l'état civil doivent être inscrits sur les registres, aussitôt qu'ils ont été remis à l'officier de l'état civil, et que mention en doit être faite en marge de l'acte réformé ;

Que le greffier du tribunal de première instance, d'un côté, et de l'autre les Maires de Paris et le préposé au dépôt des registres qui existent à la préfecture, suivent un mode différent dans l'exécution de cet article ;

Que le greffier, après avoir, conformément à la disposition du Code, fait mention de la rectification en marge de l'acte réformé , le délivre aux parties avec la mention expresse de sa rectification ;

Qu'au contraire les Maires et le préposé au dépôt de la préfecture se bornent à indiquer la date du jugement de rectification en marge de l'acte réformé et délivrent cet acte dans son état primitif , en sorte que les parties ne sont point dispensées de lever une expédition du jugement de rectification ;

Que le mode adopté par le greffier du tribunal de première instance , est incontestablement plus expéditif et plus économique ;

Est d'avis que les Maires de Paris et le préposé au dépôt de la préfecture doivent se conformer , dans les transcriptions , sur leurs registres , des jugemens de rectification des actes de l'état civil , et dans la délivrance des actes rectifiés , à la méthode adoptée par le greffier du tribunal de première instance du département de la Seine ;

Que le Procureur du Roi près le tribunal de première instance doit veiller , conformément à l'article 49 du Code civil , à ce que la mention de la rectification soit faite uniformément sur les deux registres.

AVIS DU CONSEIL D'ETAT *sur les cas dans lesquels la Rectification des Registres de l'état civil par les tribunaux n'est pas nécessaire.*

Du 30 Mars 1808.

Le Conseil d'Etat qui , d'après le renvoi ordonné par Sa Majesté , a entendu le rapport de la section de législation sur celui du Grand-Juge, ministre de la justice, tendant à prévenir les inconvéniens qui résultent , pour les personnes qui veulent se marier, de l'obligation de faire rectifier par les tribunaux les actes qu'elles sont obligées de produire dans plusieurs occasions où cependant la rectification sur les registres n'est pas nécessaire ;

Considérant que , s'il est important de ne procéder à la rectification des registres de l'état civil que par l'autorité de la justice, et en vertu de jugemens rendus à cet effet , il n'est pas moins convenable de ne pas jeter les citoyens dans les frais d'une rectification sur les registres, lorsqu'elle n'est pas absolument nécessaire ;

Est d'avis que dans le cas où le nom d'un des futurs ne serait pas orthographié dans son acte de naissance comme celui de son père, et dans celui où l'on aurait omis quelqu'un des prénoms de ses parens , le témoignage des pères et mères ou aïeux assistant au mariage et attestant l'identité , doit suffire pour procéder à la célébration du mariage ;

Qu'il doit en être de même dans le cas d'absence des pères et mères ou aïeux, s'ils attestent l'identité dans leur consentement donné en la forme légale ;

Qu'en cas de décès des pères, mères, ou aïeux, l'identité est valablement attestée, pour les mineurs, par le conseil de famille ou par le tuteur *ad hoc*; et pour les majeurs, par les quatre témoins de l'acte de mariage ;

Qu'enfin, dans le cas où les omissions d'une lettre ou d'un prénom se trouvent dans l'acte de décès des pères, mères, ou aïeux, la déclaration à serment des personnes dont le consentement est nécessaire pour les mineurs, et celles des parties des témoins pour les majeurs, doivent aussi être suffisantes, sans qu'il soit nécessaire, dans tous ces cas, de toucher aux registres de l'état civil, qui ne peuvent jamais être rectifiés qu'en vertu d'un jugement.

Les formalités susdites ne sont exigibles que lors de l'acte de célébration, et non pour les publications qui doivent toujours être faites conformément aux notes remises par les parties aux officiers de l'état civil.

En aucun cas, conformément à l'article 100 du Code civil, les déclarations faites par les parens ou témoins ne peuvent nuire aux parties qui ne les ont point requises et qui n'y ont point concouru.

DÉLIBÉRATION DU CONSEIL D'ETAT sur *le Mariage du grand-oncle avec sa petite-nièce.*

Du 7 Mai 1808.

Le mariage entre un grand-oncle et sa petite-nièce ne peut avoir lieu qu'en conséquence de dispenses accordées conformément à ce qui est prescrit par l'article 164 du Code civil.

DÉCRET *concernant le Mariage des militaires en activité de service.*

Du 16 Juin 1808.

ART. 1er. Les officiers de tout genre, en activité de service, ne pourront à l'avenir se marier qu'après en avoir obtenu la permission par écrit du ministre de la guerre.

Ceux d'entr'eux qui auront contracté mariage sans cette permission, encourront la destitution et la perte de leurs droits, tant pour eux que pour leurs veuves et leurs enfans, à toute pension ou récompense militaire.

ART. 2. Les sous-officiers et soldats en activité de service, ne pourront de même se marier qu'après en avoir obtenu la permission du conseil d'administration de leur corps.

Art. 3. Tout officier de l'acte civil qui sciemment aura célébré le mariage d'un officier, sous-officier ou soldat en activité de service, sans s'être fait remettre lesdites permissions, ou qui aura négligé de les joindre à l'acte de célébration de mariage, sera destitué de ses fonctions.

Décret *qui applique aux Officiers de marine, etc., les dispositions du décret du 16 Juin 1808 ; relatif au Mariage des militaires en activité de service.*

Du 3 Août 1808.

Art. 1er. Les dispositions de notre Décret du 16 Juin 1808, relatif au mariage des militaires en activité de service, sont applicables aux officiers et aspirans de notre marine royale, aux officiers des troupes d'artillerie de la marine, aux officiers du génie maritime, aux administrateurs de la marine, et enfin à tout officier militaire et civil du département de la marine nommé par nous.

En conséquence, nul desdits officiers ne pourra désormais se marier sans en avoir/obtenu la permission pas écrit de notre ministre de la marine.

Art. 2. Nous autorisons toutefois les capitaines généraux de nos colonies et les chefs coloniaux à consentir au mariage des officiers qui leur sont respectivement subordonnés, si les circonstances ne permettaient pas d'attendre la permission de notre ministre, à la charge par eux de lui en rendre compte par la plus prochaine occasion.

Art. 3. Les sous-officiers et soldats des troupes appartenant au département de la marine ne pourront de même se marier qu'après en avoir obtenu la permission du conseil d'administration de leur corps.

Décret *relatif au Timbre des certificats que les Officiers de l'état civil délivrent aux parties, pour justifier de leur Mariage civil aux ministres des cultes.*

Du 9 Décembre 1810.

Sur le rapport de notre ministre des finances, relatif aux certificats à délivrer par les officiers de l'état civil, pour justifier aux ministres des cultes de l'accomplissement préalable des formalités civiles, avant qu'il soit procédé à la célébration religieuse des mariages, et tendant à faire décider si ces certificats doivent être sur papier timbré ;

Vu l'article 12 de la loi du 13 Brumaire an VII sur le timbre, ainsi conçu :

« Sont assujettis au droit du timbre, établi en raison de la dimen-
» sion, tous les papiers à employer pour les actes et écritures soit
» publics, soit privés ; savoir : les actes des autorités constituées ad-
» ministratives, qui sont assujettis à l'enregistrement, ou qui se dé-
» livrent aux citoyens, et toutes les expéditions et extraits des actes,
» arrêtés et délibérations desdites autorités qui sont délivrés aux ci-
» toyens ; et généralement tous actes et écritures, extraits, copies et
» expéditions, soit publics, soit privés, devant ou pouvant faire titre,
» ou être produits pour obligation, décharge, justification, demande
» ou défense. »

Vu l'article 54 de la loi du 18 Germinal an X, organique du concor-
dat, portant ce qui suit :

« Les ministres des cultes ne donneront la bénédiction nuptiale qu'à
» ceux qui justifieront, en bonne et due forme, avoir contracté ma-
» riage devant l'officier civil ; »

Notre Conseil d'État entendu,

Nons avons décrété et décrétons ce qui suit :

ART. 1er. Les certificats que les officiers de l'état civil délivrent aux
parties, pour justifier aux ministres des cultes de l'accomplissement
préalable des formalités civiles avant d'être admises à la célébration
religieuse de leur mariage, seront assujettis au timbre de vingt-cinq
centimes.

Extrait du Décret du 3 Janvier 1813.

ART. 18. Il est expressément prescrit aux Maires et autres officiers
de police de se faire représenter les corps des ouvriers qui auraient péri
par accident dans une exploitation, et de ne permettre leur inhumation
qu'après que le procès-verbal de l'accident aura été dressé, conformément à l'article 81 du Code civil, et sous les peines portées dans les
articles 358 et 359 du Code pénal.

ART. 19. Lorsqu'il y aura impossibilité de parvenir jusqu'au lieu où
se trouvent les corps des ouvriers qui auront péri dans les travaux, les
exploitans, directeurs et autres ayant-cause seront tenus de faire constater cette circonstance par le Maire ou autre officier public, qui en
dressera procès-verbal, et le transmettra au Procureur du Roi, à la
diligence duquel, et sur l'autorisation du tribunal, cet acte sera annexé
au registre de l'état civil.

ART. 21. De quelque manière que soit arrivé un accident, le procès-
verbal ne serait transcrit qu'autant que le tribunal l'aurait ordonné.
Les Ingénieurs des mines, Maires et autres officiers de police, transmettront immédiatement leurs procès-verbaux aux Sous-Préfets et aux Pro-

cureurs du Roi. Les procès-verbaux devront être signés et déposés dans les délais prescrits.

CIRCULAIRE *du Chancelier de France relative au mode de suppléer aux registres manquans.*

Du 4 Novembre 1814.

S'il n'a pas été tenu de registres, ou si les deux originaux ont été détruits, voici comment on doit procéder : A la réception de cette instruction, chaque Procureur du Roi en donnera avis aux Maires des communes de son arrondissement où il saura qu'il n'y a pas de registres ; il les chargera de faire dresser un état, année par année, des personnes qui, d'après la notoriété publique, ou les renseignemens qu'on pourra avoir, seront nées, mariées ou décédées pendant le courant de chacune d'elles : cet état ne remontera pas au-delà de l'époque à laquelle les Maires furent chargés de la rédaction des actes de l'état civil. Quand il sera dressé, les Maires l'enverront au Procureur du Roi, qui, après l'avoir examiné, requerra le rétablissement des actes de l'état civil de leurs communes, et fera ordonner qu'il sera fait une enquête pour constater les naissances et les décès dont l'acte a été omis ou détruit. Pour éviter les déplacemens de témoins et les frais qui en seraient la suite, l'enquête sera prise par un juge commis par le tribunal, pour les communes qui ne sont pas à une grande distance du lieu de sa résidence ; pour celles qui en sont éloignées, il pourra commettre le juge de paix : l'enquête sera faite sommairement.

S'il est question de constater la naissance d'une personne encore vivante, on la fera appeler, si elle est à portée de l'être, pour recevoir sa déclaration, à laquelle on joindra celle de ses plus proches parens ; si elle est absente ou morte, on constatera sa naissance et son décès par la déposition de ses parens, amis ou voisins, à qui on demandera la communication des titres et documens qui seront à leur disposition, et propres à appuyer leur témoignage.

On aura soin d'entendre les curés et desservans, dont les registres particuliers, quoique ne faisant pas une preuve légale, peuvent du moins servir d'indication. Lorsque l'enquête sera achevée, elle restera déposée pendant un mois au greffe du tribunal où elle aura été faite. Les personnes intéressées auront la liberté d'en prendre connaissance et la faculté d'indiquer les erreurs qu'elles croiraient s'y être glissées. L'enquête sera ensuite communiquée au Procureur du Roi, qui, après l'avoir examinée, fera les réquisitions que les circonstances exigeront. Le tribunal, s'il le juge nécessaire, nommera un de ces membres pour faire le rapport, avec le pouvoir, s'il en est requis, de prendre de nouveaux éclaircissemens et d'entendre de nouveaux témoins.

Quand l'instruction sera terminée, le tribunal, sur les conclusions du

Procureur du Roi, ordonnera le rétablissement des actes de naissance, de mariage et de décès, qui seront constatés par l'enquête ou les titres et documens qui auront été fournis.

Le jugement contiendra les actes d'une année entière pour chaque commune ; les expéditions qui en seront faites serviront de registres pour chaque année.

S'il s'élève des difficultés sur un ou plusieurs articles, le tribunal en suspendra la décision, en prononçant sur ceux qui ne sont pas contestés. On pourra procéder sur les autres à une plus ample instruction, et ordonner même que le conseil de famille sera assemblé. (*C. de Proc.*, art. 856.)

Les personnes qui auront concouru aux jugemens pourront en déclarer appel, si elles croyaient avoir lieu de s'en plaindre (*Ibid.*, art. 858.) La voie de l'opposition restera ouverte à ceux qui n'y auraient point pris part.

Il me reste une observation importante à faire : les actes de naissance ou de décès ne peuvent guère occasionner d'autres difficultés que celles qui résulteraient de l'incertitude de leur époque. La naissance et le décès d'une personne sont toujours des faits certains ; il ne s'agit que d'en connaître la date.

Il n'en est pas de même des mariages et des divorces ; on peut être induit en erreur sur le fait de leur existence, par des apparences trompeuses. C'est ici que les magistrats doivent redoubler d'attention : il faut nécessairement entendre les parties intéressées, ou leurs descendans, si elles n'existent plus ; ce n'est même que sur une intervention spéciale de leur part que le tribunal doit statuer. Des aveux réciproques, qui pourraient être concertés, ne doivent pas toujours suffire pour le déterminer dans le cas de cette espèce ; il faut d'autres preuves non suspectes, et il ne peut en manquer dans des matières où il est presqu'impossible qu'il n'y ait pas un commencement de preuve par écrit.

ORDONNANCE DU ROI *sur la recomposition des Registres de l'état civil de l'arrondissement de la ville de Soissons.*

Du 9 Janvier 1815.

LOUIS, par la grâce de Dieu, etc.,

Sur ce qu'il nous a été exposé que, par suite des derniers événemens de la guerre, les registres de l'état civil pour la ville et partie de l'arrondissement de Soissons, ont été perdus ou détruits, et que les autorités locales demandent qu'il soit pris des mesures pour y suppléer,

Nous nous sommes fait représenter les lois existantes sur cette

9

matière, et notamment les articles 46, 53, 54, 99, 100 et 101 du Code civil.

Nous avons reconnu que, conformément aux anciens principes, les rectifications ou omissions, ainsi que toutes les questions qui concernent l'état des personnes, ne peuvent être décidées que par l'autorité de la justice;

Mais, dans les circonstances extraordinaires où se trouvent les habitans de l'arrondissement de Soissons, il est de l'intérêt de la société de prendre des moyens qui, sans déroger aux dispositions du Code civil, conservent des renseignemens utiles pour constater l'état des familles.

Voulant réparer, autant qu'il est en notre pouvoir, les pertes qu'éprouvent nos sujets de la ville et arrondissement de Soissons, sans nuire aux intérêts des tiers, et par des mesures en harmonie avec les dispositions du Code civil;

Sur le rapport de notre amé et féal chevalier, chancelier de France, et notre Conseil d'Etat entendu,

Nous avons ordonné et ordonnons ce qui suit :

Art. 1er. Les registres de l'état civil qui avaient été déposés au greffe du tribunal de première instance de Soissons, et qui se trouvent aujourd'hui perdus ou détruits, seront remplacés de la manière prescrite par l'article suivant.

Art. 2. Lorsque les doubles desdits registres auront été conservés dans les communes de l'arrondissement, il en sera fait, à la diligence des Maires, des expéditions : ces expéditions, signées par le Maire, seront portées au greffe du tribunal de première instance de Soissons pour être collationnées par notre Procureur près ce tribunal, sur les originaux qui lui seront apportés à cet effet ; il dressera procès-verbal sommaire de la vérification, conformément à l'article 53 du Code civil. L'expédition ainsi collationnée sera déposée au greffe du tribunal.

Art. 3. Dans le cas où les deux originaux des registres auraient été perdus ou détruits, il sera nommé par notre chancelier une commission composée du Maire de la commune, de deux notaires, de deux hommes de loi et d'un secrétaire greffier.

Art. 4. Cette commission correspondra avec notre Procureur près le tribunal de première instance ; elle en recevra les instructions dont elle aura besoin, et lui rendra compte, tous les huit jours, des progrès de son travail.

A la fin de chaque mois, notre Procureur rendra le même compte à notre Chancelier, qui pourra, s'il le juge nécessaire, envoyer sur les lieux un maître des requêtes pour surveiller et activer les opérations des commissaires. Dans ce cas, le maître des requêtes présidera la commission.

ART. 5. Elle sera chargée de dresser en double des registres conservatoires de l'état civil, pour les naissances, les mariages, les divorces et les décès.

ART. 6. Ces registres contiendront, avec toute l'exactitude possible, les dates des naissances, mariages, divorces et décès, les prénoms, noms, surnoms et professions des individus et de leurs pères et mères; le tout conformément à l'article 34 du Code civil.

ART. 7. Les commissaires formeront ces registres, soit d'après les renseignemens que leur fourniront les papiers de famille et registres des paroisses, soit d'après les documens qu'ils recueilleront dans tous les dépôts publics, soit d'après les déclarations des ascendans des époux, des frères et sœurs; soit enfin d'après celle des autres parens ou des anciens de la commune.

Les déclarations seront signées par les déclarans : s'ils ne savent ou ne peuvent signer, il en sera fait mention expresse.

ART. 8. Lorsque les registres seront terminés et signés de tous les membres de la commission, ils seront envoyés à notre Procureur près notre tribunal de première instance, qui les vérifiera et dressera procès-verbal de sa vérification conformément à l'article 53 du Code civil.

Un des deux doubles sera déposé au greffe du tribunal de première instance de Soissons.

L'autre double sera déposé aux archives de la commune dont les registres ont été détruits.

ART. 9. Ces registres ainsi déposés tiendront lieu des registres perdus ou détruits, toutes les fois qu'un acte ne sera pas contesté : dans le cas contraire, les réclamations seront portées devant les tribunaux pour y être instruites et jugées, conformément aux art. 46, 99, 100 et 101 du Code civil.

ART. 10. Tous actes faits en vertu de la présente ordonnance seront écrits sur papier libre, visés gratis et enregistrés de même.

ART. 11. Tous les autres frais auxquels les opérations prescrites par les articles précédens pourront donner lieu, seront pris sur les fonds provenant des centimes additionnels affectés aux non-valeurs du département de l'Aisne, d'après l'état qui en sera arrêté en la manière accoutumée.

EXTRAIT *de la loi relative aux moyens de constater le sort des militaires absens.*

Du 13 Janvier 1817.

ART. 3. Si l'acte de décès a été transmis au Procureur du Roi, il en sera immédiatement le renvoi à l'officier de l'état civil, qui sera tenu de se conformer à l'article 98 du Code civil.

Art. 5. La preuve testimoniale du décès pourra être ordonnée, conformément à l'article 46 du Code civil, s'il est prouvé, soit par l'attestation du ministre de la guerre ou de la marine, soit par toute autre voie légale, qu'il n'y a pas eu de registres, ou qu'ils ont été détruits en tout ou en partie, ou que leur tenue a éprouvé des interruptions.

Art. 10. Feront preuve en justice, dans les cas prévus par la présente loi, les registres et actes de décès des militaires, tenus conformément aux articles 88 et suivans du Code civil, bien que lesdits militaires soient décédés sur le territoire français, s'ils faisaient partie des corps ou détachemens d'une armée active, ou de la garnison d'une ville assiégée.

Art. 12. Les dispositions de la présente loi sont applicables à l'absence ou au décès de toutes les personnes inscrites aux bureaux des classes de la marine, à celles attachées par brevet ou commission aux services de santé, aux services administratifs des armées de terre et de mer, ou portées sur les contrôles réguliers des administrations militaires.

Elles pourront être appliquées par nos tribunaux à l'absence et aux décès des domestiques, vivandiers et autres personnes à la suite des armées, s'il résulte des rôles d'équipages, des pièces produites et des registres de police, permissions, passe-ports, feuilles de route et autres registres déposés aux ministères de la guerre et de la marine, ou dans les bureaux en dépendant, des preuves et des documens suffisans sur la profession desdites personnes et sur leur sort.

CIRCULAIRE *du ministre de la justice, portant que les dispenses d'âge pour le Mariage seront délivrées gratuitement aux indigens.*

Paris, 16 Août 1817.

Monsieur le Procureur du Roi, l'article 55 de la loi du 28 Avril 1816 soumet au droit de sceau et au droit proportionnel d'enregistrement les expéditions des ordonnances royales accordant dispenses d'âge pour raison de mariage.

Sa Majesté, considérant que ces dispenses sont souvent accordées à des personnes pauvres, et qu'il serait difficile de les assujettir au paiement d'un droit que la plupart d'entre elles ne pourraient peut-être pas acquitter, sans qu'il en résultât quelques préjudices pour la morale publique, a ordonné qu'à l'avenir les dispenses d'âge pour mariage seront délivrées gratuitement, lorsqu'il aura été reconnu que les parties sont hors d'état d'acquitter le droit.

Comme il importe que cette disposition bienfaisante ne soit appliquée qu'à ceux qui sont dans le cas d'y prétendre , vous aurez soin , lorsqu'on vous remettra des demandes en dispenses d'âge pour mariage , de vérifier si ceux qui les forment sont ou non en état de payer les droits , et de me donner un avis positif sur cet objet , indépendamment de celui que vous devez joindre à chaque pétition sur le mérite de la demande en elle-même.

Recevez , etc.   Signé, RAVEZ.

ORDONNANCE DU ROI *qui enjoint aux Officiers de l'état civil de se procurer, dans le délai fixé, de nouveaux Registres de l'état civil , lorsque des cours ou tribunaux auront ordonné , pour l'instruction des causes, l'apport au greffe des Registres courans.*

Du 18 Août 1819.

LOUIS , par la grâce de Dieu , etc. ,

L'apport des registres courans de l'état civil aux greffes des cours et tribunaux pour l'instruction des causes qui y sont portées , ne permettant pas d'y inscrire les actes à la conservation desquels ils sont consacrés , il est nécessaire , dans ce cas , de pourvoir à leur remplacement , de manière que l'état civil puisse toujours être fidèlement et régulièrement constaté.

A ces causes ,

Sur le rapport de notre Garde des sceaux , ministre secrétaire d'état au département de la justice ,

Notre Conseil d'Etat entendu ,

Nous avons ordonné et ordonnons ce qui suit :

ART. 1er. Lorsque des cours ou tribunaux auront ordonné l'apport au greffe des registres courans de l'état civil, les officiers de l'état civil , sur la signification qui leur en sera faite , se procureront , dans la quinzaine au plus tard , de nouveaux registres.

ART. 2. Aussitôt qu'ils en seront munis , ils cloront et arrêteront les registres dont l'apport aura été ordonné , et ils mentionneront la cause pour laquelle ils sont clos avant la fin de l'année.

ART. 3. Les cours et tribunaux comprendront les frais des nouveaux registres dans la liquidation des frais et dépens auxquels doit être condamnée la partie qui succombe.

ART. 4. En cas d'insolvabilité du condamné , la dépense faite pour ces nouveaux registres sera remboursée par la régie du domaine et de l'enregistrement.

Art. 5. Notre Garde des sceaux, ministre secrétaire d'état au département de la justice, et nos ministres secrétaires d'état de l'intérieur et des finances, sont chargés, chacun en ce qui le concerne, de l'exécution de la présente ordonnance.

CIRCULAIRE *du Garde des sceaux relative aux certificats délivrés par le ministère de la guerre pour constater l'absence ou le décès des militaires.*

Du 19 Mai 1823.

Plusieurs officiers de l'état civil ont cru voir des actes de décès dans les certificats par lesquels on annonce que tel individu est mort, d'après les feuilles d'appel, les indications des contrôles, ou d'après les listes extraites (par les directeurs des hôpitaux) des registres des actes de décès des individus morts dans les hôpitaux. D'autres ont transcrit de semblables certificats sur leurs registres ; enfin, des tribunaux ont prononcé des déclarations de décès sur la présentation seule de ces certificats, et ce contre le prescrit des articles 5 de la loi du 13 Janvier 1817 et 46 du Code civil, en sorte qu'il est arrivé, par suite de ces décisions que plusieurs femmes se sont remariées quoique leurs maris ne fussent pas morts ; il en est qui ont depuis reparu.

Pour prémunir les familles contre les désordres qui pourront résulter des méprises de cette nature, j'ai appelé l'attention du ministre de la guerre sur les déplorables erreurs qui ont eu lieu. Je me suis concerté avec son excellence sur les moyens de les prévenir, et de nouvelles formes de certificats ont été adoptées.

On peut les ranger dans quatre classes : les premiers présenteront la copie textuelle des actes de décès régulièrement rédigés, conformément aux dispositions des articles 96 et 97 du Code civil ; et parvenus au ministère de la guerre. Ce sont ceux-là seulement que les Procureurs du Roi doivent (aux termes du deuxième paragraphe de l'article 3 de la loi du 13 Janvier 1817) envoyer à l'officier de l'état civil et les seuls que ces derniers peuvent transcrire sur leurs registres, suivant le prescrit de l'article 78 du même Code.

Les seconds seront exclusivement destinés à recevoir *l'énoncé sommaire des actes de décès*, rédigés suivant le prescrit de l'article 97 du Code civil, portés sur les états ou bordereaux mensuels d'hôpitaux militaires, à défaut de registres de décès ; soit enfin toutes les indications de décès puisées dans les documens qui ne présenteraient pas un caractère suffisant d'authenticité. Ils constateront, lorsqu'il y aura lieu, qu'il n'est point parvenu au ministère de la guerre, de registres de l'état civil de tel corps ou de tel hôpital, ou qu'ils ont souffert des interruptions dans la tenue. (*Art. 5 de la loi du 13 Janvier 1817.*)

Les troisièmes feront connaître les renseignemens sur les décès des militaires, ainsi qu'ils sont portés sur les registres, contrôles ou feuilles d'appel, et les indications puisées aux mêmes sources, telles que celles qui suivent : *présumé mort le . . . resté en arrière le . . . prisonnier de guerre le . . . ou n'a pas reparu depuis le . . .*

Enfin les quatrièmes ne feront que relater les services des militaires et les différentes circonstances de la cessation des services, comme *congédié, réformé, admis à la retraite*, ou *déserté*, indiquées sur les registres matricules des corps ou feuilles d'appel.

CIRCULAIRE *du Garde des sceaux relative aux dispenses de parenté.*

Paris, 18 Août 1823.

Monsieur le Procureur général, l'article 6 de la Charte constitutionnelle déclare que la religion catholique, apostolique et romaine est la religion de l'Etat.

L'article 163 du Code civil prohibe le mariage entre l'oncle et la nièce, la tante et le neveu ; et l'article 164 laisse au Gouvernement la faculté de lever cette prohibition, lorsqu'il existe des causes graves.

Depuis la restauration, et pendant les années qui ont précédé mon ministère, on avait adopté la mesure autorisée par la Charte, de soumettre les impétrans à justifier qu'ils avaient obtenu les dispenses ecclésiastiques.

Cette mesure était un hommage rendu à la religion et à la Charte.

Elle prouvait l'accord parfait qui doit régner entre l'autorité civile et l'autorité ecclésiastique sur une matière aussi importante.

Elle était enfin une juste et respectable garantie pour l'autorité qui est investie par le Code du droit d'accorder les dispenses civiles pour le mariage.

Tout ce qui offre un but d'utilité dans l'ordre social, pour l'intérêt de la religion et le bonheur des familles, m'a paru mériter votre attention.

C'est par ce double motif, et pour éclairer l'autorité sur les causes qui peuvent déterminer la concession des dispenses de parenté, que je désire que vous ayez soin de me faire connaître si les impétrans qui professent la religion catholique ont obtenu, avant de vous adresser leurs demandes, les dispenses ecclésiastiques qui sont nécessaires pour leur mariage.

Recevez, etc.

Le Garde des sceaux de France, ministre de la justice,

COMTE de PEYRONNET.

ORDONNANCE DU ROI *portant réglement sur la Vérification des Registres de l'état civil.*

Du 26 Novembre 1823.

LOUIS, par la grâce de Dieu, etc.,

Ayant reconnu que, pour prévenir les irrégularités qui pourraient être commises dans les actes de l'état civil, il serait utile de soumettre à des règles fixes la vérification prescrite par l'article 53 du Code, et d'établir un mode uniforme de rédaction pour les procès-verbaux qui doivent la constater ;

Vu les articles 43, 44, 50, 53 et 63 du Code civil, et l'article 2 du réglement du 20 Juillet 1807 ;

Sur le rapport de notre Garde des sceaux, ministre et secrétaire d'état au département de la justice ;

Notre Conseil d'Etat entendu ,

Nous avons ordonné et ordonnons ce qui suit :

ART. 1er. La vérification des registres de l'état civil, prescrite par l'article 53 du Code, sera faite par nos Procureurs près les tribunaux de première instance, dans les quatre premiers mois de chaque année.

Le procès-verbal destiné à constater cette vérification sera rédigé conformément au modèle annexé à la présente ordonnance.

Ce procès-verbal sera divisé par cantons, et subdivisé par communes et par nature de registres.

Il désignera les actes défectueux par le numéro correspondant du registre dont ils feront partie, et indiquera les contraventions, en énonçant les articles du Code civil dont les dispositions auront été violées.

ART. 2. Les procès-verbaux de vérification seront adressés, dans la première quinzaine du mois de mai, à nos Procureurs généraux qui les transmettront, avec leurs observations, à notre Garde des sceaux, dans la première quinzaine du mois suivant.

ART. 3. Aussitôt que cette vérification aura été terminée, nos Procureurs adresseront aux officiers de l'état civil de leur arrondissement, des instructions sur les contraventions qui auront été commises dans les actes de l'année précédente, et sur les moyens de les éviter.

Ils enverront copie de ces instructions à nos Procureurs généraux.

ART. 4. Afin que la vérification puisse être achevée dans le délai ci-dessus fixé, nos Procureurs près les tribunaux de première instance veilleront à ce que les registres soient déposés au greffe dans le mois de Janvier de chaque année, conformément aux articles 43, 44 et 63 du

Code civil. Ils avertiront, et, en cas de retard, ils poursuivront devant le tribunal, les Maires qui n'auraient pas déposé les registres de leur commune.

Ils apporteront le même soin pour le dépôt de la table alphabétique annuelle des actes, prescrite par l'article 2 du réglement du 20 Juillet 1807.

ART. 5. Nos Procureurs pourront, lorsqu'ils le jugeront nécessaire, se transporter sur les lieux, et vérifier les registres de l'année courante.

Ils pourront, dans le même cas, déléguer le juge de paix du canton dans lequel sera située la commune dont les registres devront être vérifiés.

CIRCULAIRE *du Garde des sceaux sur l'exécution de l'ordonnance du 26 Novembre 1823, relative à la Vérification des Registres de l'état civil.*

Paris, 31 Décembre 1823.

Monsieur le Procureur général, l'article 53 du Code civil, en imposant aux Procureurs du Roi près les tribunaux de première instance, l'obligation de vérifier annuellement les registres de l'état civil, n'avait ni déterminé le mode suivant lequel cette vérification devait être faite, ni fixé le délai dans lequel elle devait être terminée; il était donc important de remplir cette lacune, pour mieux atteindre le but de cette vérification, et de soumettre celle-ci à des règles uniformes, afin de mettre plus facilement un terme aux inconvéniens que produit chaque jour la négligence d'un grand nombre de Maires. C'est à quoi l'ordonnance du 26 Novembre dernier a voulu pourvoir.

Désormais, cette vérification devra être faite dans les quatre premiers mois de chaque année, et le procès-verbal destiné à la constater, sera rédigé partout sur un même modèle. Les Procureurs du Roi et leurs substituts se conformeront à celui qui est annexé à l'ordonnance.

Ils indiqueront d'abord la Cour royale du ressort, le département et l'arrondissement, le canton et la commune dont ils vérifieront les registres; ils feront connaître si la vérification est annuelle ou accidentelle, et la nature du registre, lorsque chaque espèce d'actes aura le sien. Ils constateront ensuite les *contraventions matérielles à la tenue des registres*, et ces contraventions sont faciles à reconnaître : les registres doivent être reliés, timbrés, cotés et paraphés, et les Maires seraient inexcusables si cette formalité n'était pas remplie, puisque les registres leur sont envoyés à la fin de chaque année par les préfectures, et qu'on leur en délivre de nouveaux, ou du moins des feuilles additionnelles qu'on ajoute aux registres, en cas d'insuffisance de ceux-ci.

Ils signaleront les contraventions générales et spéciales à la rédaction des actes, en désignant les actes défectueux par le numéro correspondant du registre dont ils feront partie, et par l'indication des articles du Code civil dont les dispositions auraient été violées. Ce procédé remplira bien mieux l'objet du procès-verbal, que des locutions vagues, telles que *souvent, quelques-uns, plusieurs,* etc., qui n'ont pas la précision qu'il exige. Le modèle présente d'ailleurs le détail des principales contraventions, et fait connaître l'ordre dans lequel il serait utile de les constater. Je ne doute pas qu'en s'y conformant, on ne parvienne à l'exactitude nécessaire pour donner une idée complète de l'état des registres.

Si les registres et tous les actes qu'ils contiennent sont bien tenus et réguliers, on l'énoncera par ces mots : *point de contraventions.*

Lorsque les officiers de l'état civil ne porteront pas de naissances, de mariages ou de décès sur leurs registres, les Procureurs du Roi devront énoncer si ces officiers ont négligé d'en tenir ou d'en déposer une partie : ou bien, s'ils veulent exprimer qu'il n'y a point eu de naissances, qu'il n'a été célébré aucun mariage, ou qu'on n'a eu à regretter la mort d'aucun habitant, ce fait est tellement extraordinaire, qu'ils ne pourront se dispenser d'indiquer quelles mesures ils ont prises, indépendamment de l'inspection des registres, pour s'assurer de sa réalité.

Ils veilleront d'une manière toute spéciale à ce que les registres et les tables alphabétiques annuels soient déposés au greffe, par la voie administrative et sans frais pour le greffier, dans le mois de Janvier de chaque année. En cas de retard, ils devront rappeler aux Maires l'obligation où ils sont de faire ce dépôt, et leur accorder (circulaire du 20 Avril 1820), s'il y a nécessité, un nouveau délai, mais qui ne pourra jamais excéder deux mois. À l'expiration de ce délai, ils poursuivront les retardataires devant le tribunal de première instance, conformément à l'article 50 du Code civil, sans être obligés, dans ce cas, de recourir à l'autorisation prescrite par une circulaire du 10 Septembre 1806.

C'est de l'exactitude des Maires à effectuer le dépôt de leurs registres dans le délai prescrit que dépendra la possibilité de faire la vérification pour l'époque indiquée. Il convient donc que, dès le commencement de l'année, MM. les Procureurs du Roi adressent aux Maires et aux Juges de paix des invitations, et qu'ils se concertent avec MM. les Préfets et Sous-Préfets, pour que le dépôt des registres soit effectué dans le moindre délai possible.

Je ne me dissimule pas que la vérification détaillée et soignée des registres de l'état civil entraînera un surcroît de travail dans les lieux où il n'était pas d'usage de la faire avec scrupule. Je ne pourrai, toutefois, tolérer de négligence sur ce point. Le zèle et la bonne volonté trouveront dans la répartition du travail entre tous les Officiers du parquet et les Juges auditeurs, s'il y en a, comme aussi dans le bon emploi du temps, des ressources suffisantes pour remplir cette tâche aussi utile qu'elle est indispensable. Cette tâche s'allégera, d'ailleurs, par l'habitude et par les améliorations que l'on est en droit d'attendre de la mesure adoptée.

Les procès-verbaux de vérification seront adressés par les Procureurs du Roi, dans la première quinzaine du mois de Mai, aux Procureurs généraux, qui me les transmettront avec leurs observations, dans la première quinzaine du mois de Juin. Ainsi, les Procureurs généraux n'auront pas à me faire un simple envoi des procès-verbaux de leurs substituts ; ils devront m'adresser un rapport sur le résultat des vérifications partielles, afin d'éclairer et de faciliter ainsi, en ce qui les concerne, le travail général sur l'état civil.

Les Procureurs du Roi adresseront, par suite de leur vérification, des instructions aux Maires de leurs ressorts ; mais ils se borneront à en donner à ceux d'entr'eux qui auront commis des irrégularités. Ces instructions devront être spéciales pour chaque Maire, et porter sur les contraventions les plus graves et sur celles qu'ils ont commises le plus fréquemment. Copie en sera envoyée aux Procureurs généraux.

Les Procureurs du Roi pourront se transporter sur les lieux et vérifier les registres de l'année courante, ou, dans ce cas, déléguer le Juge de paix du canton dans lequel sera située la commune dont les registres seront à vérifier. Ils devront faire ou déléguer cette vérification accidentelle, lorsqu'ils sauront que les registres sont habituellement mal tenus, ou que (art. 31 de la déclaration de 1736) par le décès ou la démission d'un Maire, il deviendra nécessaire de constater l'état ou il les aura laissés et les irrégularités qui s'y trouvent, afin qu'elles soient réparées au plus tôt, si elles sont susceptibles de l'être.

Telles sont les règles auxquelles Sa Majesté a jugé à propos d'assujettir la vérification des registres de l'état civil. Elles n'excluent point celles que le zèle et les lumières des officiers du ministère public pourront leur suggérer, pourvu qu'elles ne changent rien à l'uniformité de rédaction que l'ordonnance établit pour les procès-verbaux.

Vous voudrez bien m'accuser la réception de cette circulaire, en transmettre un exemplaire à chacun de vos substituts, leur rappeler que l'époque du dépôt des registres approche, et les inviter à remplir avec exactitude leurs obligations.

Recevez, etc.

Le Garde des sceaux de France, ministre de la justice.

COMTE de PEYRONNET.

CIRCULAIRE *du Garde des sceaux sur les formalités à remplir, et pièces à produire pour obtenir des dispenses d'âge et de parenté pour mariage.*

Paris, 10 Mai 1824.

Monsieur le Procureur-général, les demandes de dispenses d'âge et de parenté me sont adressées fréquemment; elles sont fondées, pour la plupart, sur des motifs qui tiennent à l'intérêt et à la tranquillité des familles, quelquefois même à l'honneur des individus qui les forment.

Toutefois très-peu de ces demandes sont en état de recevoir une décision lorsquelles parviennent dans les bureaux de mon département.

Le ministère public est appelé, par l'art. 2 de l'arrêté du 20 Prairial an XI (9 Juin 1803), à donner son avis et à éclairer le Gouvernement sur les faits qui sont exposés, ainsi que sur les causes graves qui sont alleguées à l'appui de ces demandes.

Pour établir une marche uniforme, toujours désirable, dans les affaires et surtout dans celles de cette nature, et pour en accélérer l'expédition le plus qu'il est possible, j'ai trouvé à propos de vous adresser des instructions relatives aux formalités à observer et aux pièces à produire par les personnes qui désirent obtenir des dispenses d'âge et de parenté.

1°. dispenses d'âge.

L'article 144 du Code civil déclare que l'homme avant dix-huit ans, et la femme avant quinze ans révolus, ne peuvent contracter mariage.

Toutefois, l'article 145 laisse au Roi la faculté d'accorder des dispenses d'âge, pour des motifs graves. Mais d'abord il est de jurisprudence ou d'usage, 1° de ne jamais accorder de dispenses aux hommes avant 17 ans accomplis, et aux femmes avant 14 ans accomplis, sauf pour celles-ci le cas où elles seraient devenues grosses avant cet âge ; 2° de rejeter toutes demandes de dispenses lorsque l'homme est de quelques années plus jeune que la femme ; en effet, l'âge supérieur de celle-ci autorise à croire qu'il y a séduction de sa part ; l'on ne peut d'ailleurs favoriser des unions disproportionnées.

Du reste, la loi n'a point déterminé les causes de dispenses ; elles peuvent dépendre de diverses circonstances dont elle a confié l'examen à la prudence et à l'impartialité des magistrats. Ils doivent donc les apprécier avec une sage sévérité.

La plus grave, sans contredit, est la grossesse de la future.

Mais elle n'est pas la seule qui puisse motiver des dispenses.

Ainsi il pourra, selon les circonstances, y avoir cause de dispenses, si le mariage projeté doit assurer à l'individu dispensé un état et des moyens d'existence (s'il en manque); s'il doit mettre ses mœurs à l'abri du danger auquel il serait exposé.

La demande de dispenses d'âge doit être régulièrement présentée et signée par les futurs; s'il est possible, par les pères et mères ou ascendans dont le consentement est requis pour le mariage, ou par le tuteur *ad hoc* dans le cas de l'article 159 du Code civil; elle doit être accompagnée de l'avis du conseil de famille dans le cas de l'article 160 du même Code, et toujours des actes de naissance des futurs dûment légalisés ou des actes de notoriété qui peuvent remplacer ceux-ci, conformément aux articles 70, 71 et 72 du Code civil.

S'il y a grossesse, elle devra être constatée par le rapport d'une personne de l'art assermentée : le rapport sera annexé aux autres pièces.

Tout rapport de ce genre, qui laisserait des incertitudes et des doutes sur le fait de la grossesse, et qui n'offrirait que des présomptions vagues, serait considéré comme le résultat d'une complaisance coupable tendant à induire en erreur l'autorité, et ne produirait aucun effet.

S'il y a des enfans nés du commerce des parties, les actes de naissance, reconnaissance et décès (s'il y a lieu) de ces enfans devront être produits.

Si l'un des futurs a été engagé dans les liens d'un précédent mariage, il doit justifier qu'il est libre d'en contracter un nouveau, en produisant l'acte de décès de son conjoint.

En me transmettant ces pièces et votre avis motivé, vous me ferez connaître si les parties sont en état d'acquitter les droits de sceau : si leur indigence ne leur permet pas d'y satisfaire, la preuve doit en être rapportée et jointe aux autres pièces, conformément à la circulaire du 16 Août 1817, n° 8361, B. 3; j'ajouterai que la remise annoncée par cette circulaire, et établie par une ordonnance du 25 Juin 1817, pour la délivrance des dispenses d'âge aux indigens, s'étend au droit de sceau, d'enregistrement et de référendaire, et que, par une autre ordonnance du 22 Octobre 1820, la faculté d'accorder aux indigens la remise de ces droits s'applique également aux dispenses de parenté.

Vous aurez soin d'indiquer le référendaire qui doit être chargé des intérêts des impétrans; à défaut de cette indication par les parties, elle sera faite dans mes bureaux.

2°. Dispenses de parenté.

L'article 163 du Code civil prohibe le mariage entre l'oncle et la nièce, la tante et le neveu.

Mais la loi, toujours sage et prévoyante, a reconnu que, dans certains cas et pour des motifs déterminés, ces mariages prohibés en principe, pouvaient être nécessaires; aussi a-t-elle remis à Sa Majesté le pouvoir de lever la prohibition, lorsqu'il est constaté qu'il y a des causes graves (art. 164). Cette faculté a été étendue, par le décret du 7 Mai 1808, au mariage du grand-oncle avec sa petite-nièce.

Ce qui a été dit, quant à la forme, touchant les dispenses d'âge, peut s'appliquer également aux demandes de dispenses de parenté pour mariage, en y ajoutant quelques formalités qui sont particulières à celles-ci.

Ainsi, comme les demandes de dispenses d'âge, celles de dispenses de parenté doivent être présentées et signées par les futurs, et accompagnées de leurs actes de naissance revêtus des formes prescrites par l'article 45 du Code civil, il faudra de plus que les parties produisent, à partir de l'auteur commun, les actes de naissance et de mariage, indispensables pour établir d'une manière incontestable le degré de parenté entr'elles. S'il y a grossesse, elle devra être constatée comme il a été dit ci-dessus.

Aux causes qui ont été indiquées comme pouvant déterminer la concession de dispenses d'âge, on peut ajouter, pour les dispenses de parenté, celles qui résulteraient d'affections nées de rapports et de soins naturels et inévitables de famille, de la volonté de mettre fin à des procès réels, à des discussions qui pourraient compromettre les intérêts communs ou isolés des parties.

Ma circulaire du 18 Août 1825 vous a averti que ceux qui professent la religion catholique, apostolique et romaine, doivent, avant tout, justifier que des dispenses ecclésiastiques leur ont été accordées pour s'unir en mariage. La déclaration de leur pourvoi en cour de Rome ne suffirait pas pour faire accueillir leur demande.

Les étrangers qui se marient en France sont soumis, comme les sujets du Roi, à la nécessité d'obtenir des dispenses dans les cas déterminés par la loi, quand même celle de leur pays ne leur imposerait pas cette obligation, par la raison que le mariage, étant un contrat du droit des gens, est toujours, quant à la forme, régi par la loi du pays où il se passe. Il n'y a pas de distinction à établir entre le cas d'un mariage contracté entre deux étrangers et celui contracté entre un étranger et un Français.

Enfin les lettres patentes, portant dispenses d'âge ou de parenté, ne doivent pas demeurer déposées au greffe, elles doivent être enregistrées, sur les réquisitions du ministère public, et en vertu d'une ordonnance du Président du tribunal, sur un registre *ad hoc*, tenu au greffe; il en est ensuite délivré une expédition pour être annexée à l'acte de célébration de mariage; elles doivent enfin être remises aux impétrans, avec la mention de l'enregistrement sur le revers (circulaire du 11 Mars 1822, n° 1296, B. 5).

Vous voudrez bien m'accuser la réception de cette lettre, et veiller à ce que les instructions qu'elle renferme soient exactement observées, afin que les demandes de dispenses, parvenues au ministère, complètement en état et avec toutes les pièces nécessaires, n'éprouvent désormais aucun retard.

Recevez, etc.

Le Garde des sceaux de France, ministre de la justice,

COMTE de PEYRONNET.

ARTICLES *extraits du* Code pénal *de* 1810, *relatifs à l'état civil.*

ART. 192. Les officiers de l'état civil qui auront inscrit leurs actes sur de simples feuilles volantes, seront punis d'un emprisonnement d'un mois au moins et trois mois au plus, et d'une amende de 16 francs à 200 francs.

ART. 193. Lorsque, pour la validité d'un mariage, la loi prescrit le consentement des pères, mères ou autres personnes, et que l'officier de l'état civil ne se sera point assuré de l'existence de ce consentement, il sera puni d'un amende de 16 fr. à 300 fr, et d'une emprisonnement de six mois au moins, et d'un an au plus.

ART. 194. L'officier de l'état civil sera aussi puni de 16 fr. à 300 fr d'amende, lorsqu'il aura reçu, avant le terme prescrit par l'article 228 du Code civil, l'acte de mariage d'une femme ayant déjà été mariée.

ART. 195. Les peines portées aux articles précédens contre les officiers de l'état civil leur seront appliquées; lors même que la nullité de leurs actes n'aurait pas été demandée, ou aurait été couverte; le tout sans préjudice des peines plus fortes, prononcées en cas de collusion, et sans préjudice aussi des autres dispositions pénales du titre V du livre 1er du Code civil.

ART. 199. Tout ministre d'un culte qui procédera aux cérémonies religieuses d'un mariage sans qu'il lui ait été justifié d'un acte de mariage, préalablement reçu par les officiers de l'état civil, sera, pour la première fois, puni d'une amende de 16 francs à 100 francs.

ART. 200. En cas de nouvelles contraventions de l'espèce exprimée en l'article précédent, le ministre du culte qui les aura commises, sera puni, savoir :

Pour la première récidive, d'un emprisonnement de deux à cinq ans ;

Et pour la seconde, de la déportation.

Art. 346. Toute personne qui, ayant assisté à un accouchement, n'aura pas fait la déclaration à elle prescrite par l'article 56 du Code civil, et dans le délai fixé par l'article 55 du même Code, sera punie d'un emprisonnement de six jours à six mois, et d'une amende de 16 francs à 300 francs.

Art. 347. Toute personne qui, ayant trouvé un enfant nouveau-né, ne l'aura pas remis à l'officier de l'état civil, ainsi qu'il est prescrit par l'article 58 du Code civil, sera punie des peines portées au précédent article.

La présente disposition n'est point applicable à celui qui aurait consenti à se charger de l'enfant, et qui aurait fait sa déclaration à cet égard devant la municipalité du lieu où l'enfant a été trouvé.

Art. 358. Ceux qui, sans l'autorisation préalable de l'officier public, dans le cas où elle est prescrite, auront fait inhumer un individu décédé, seront punis de six jours à deux mois d'emprisonnement, et d'une amende de 16 fr. à 50 fr. ; sans préjudice de la poursuite des crimes dont les auteurs de ce délit pourraient être prévenus dans cette circonstance.

La même peine aura lieu contre ceux qui auront contrevenu, de quelque manière que ce soit, à la loi et aux réglemens relatifs aux inhumations précipitées.

(Voy., pour les amendes encourues et la responsabilité des officier de l'état civil, les art. 50, 51, 52, 68, 156 et 157 du Code civil.)

TROISIÈME PARTIE.

FORMULES ET MODÈLES D'ACTES DE L'ÉTAT CIVIL.

N.° Ier *Arrêté du Maire portant délégation de la fonction d'Officier public de l'état civil.*

L'an.... le...., nous N...., maire de la commune d...., canton d...., avons arrêté que le sieur N.... remplira nos fonctions d'Officier de l'état civil de ladite commune, et signera tous les actes concernant lesdites fonctions, soit en notre présence, soit en notre absence ; qu'en conséquence expédition du présent arrêté lui sera délivrée.

Fait en la maison commune d...., le....

. (Signature.)

N.° II. *Intitulé de chaque Acte dressé par un Adjoint délégué par le Maire.*

L'an.... etc., par-devant nous N...., adjoint au Maire de la commune d...., département d...., auquel ledit Maire a délégué, par arrêté du...., les fonctions d'Officier de l'état civil de ladite commune, etc.

Si le Maire est absent (*ou empêché*), l'acte doit être ainsi rédigé :

L'an.... etc., par-devant nous N.... remplissant, en l'absence du Maire (*ou pour tout autre empêche-*

ment qu'il faut exprimer), les fonctions de Maire et d'Officier de l'état civil de la commune d...., etc.

Dans les cas d'empêchement du Maire et de l'Adjoint, ces fonctionnaires doivent être remplacés par le premier membre du Conseil municipal. (*Décision du Ministre de la justice, du 20 Mai 1807*) l'acte doit être ainsi rédigé :

L'an..... etc., par-devant nous N....., premier membre du Conseil municipal, remplissant, en l'absence (*ou pour empêchement*) des Maire et Adjoint, les fonctions d'Officier de l'état civil de la commune d...., etc.

FORMULES D'ACTES DE NAISSANCE.

N.º I.ᵉʳ *Déclaration de naissance d'un Enfant légitime, faite par le père.*

L'an..... le..... du mois d....., à..... heure du...., par-devant nous (*énoncer ici la qualité du fonctionnaire public, s'il est Maire ou Adjoint de Maire, ou s'il le remplace*), Officier de l'état civil de la commune de..... canton d..... département d.... est comparu N.... (*mettre les nom, prénoms, âge, profession et domicile du déclarant*), lequel nous a présenté un enfant du sexe (*masculin ou féminin*), né (*indiquer le jour et l'heure*), de lui déclarant, en sa maison (*désigner le lieu*), et d..... (*prénoms et nom de la femme*) son épouse, et auquel il a déclaré vouloir donner le prénom d.....; lesdites déclaration et présentation faites en présence d..... (*prénoms, nom, âge, profession et domicile du pre-*

mier témoin), et de..... (*même formalité pour le second témoin*); et ont, les père et témoins, signé avec nous le présent acte de naissance, après qu'il leur en a été fait lecture. (*Si un des comparans ne sait ou ne peut signer, il en sera fait mention, ainsi que de la cause qui empêche de signer.*)

(Suivent les signatures.)

N.° II. *Déclaration de naissance d'un enfant légitime, faite par l'accoucheur, ou la sage-femme, ou l'officier de santé, ou la personne chez qui la femme est accouchée, ou autres se déclarant connaissant la mère.*

L'an.... le.... du mois d.... à.... heure du....., par-devant nous.... (*énoncer ici la qualité du fonctionnaire public, s'il est Maire ou Adjoint de Maire, ou s'il les remplace*), Officier de l'état civil de la commune d....., canton d....., département d...., est comparu N.... (*mettre les nom, prénoms, âge, profession et domicile du déclarant*), lequel (*ou laquelle*) nous a déclaré que le..... du mois d..... an....., heure de......, est né un enfant du sexe (*masculin ou féminin*), en sa maison (*désigner la rue, la section, l'arrondissement dans lequel se trouve la maison*) qu'il (*ou qu'elle*) nous présente, et auquel il (*ou elle*) a déclaré donner le prénom de....., lequel enfant est né de.... (*nom, prénoms, profession, demeure de la mère épouse, ou veuve, ou divorcée*) de...., (*nom, prénoms, profession, demeure du mari*), ladite déclaration faite en présence de....., (*prénoms, nom, âge, profession, domicile du premier témoin*), et de.... (*même formalité pour le second témoin*); et ont, les déclarans et témoins, signé avec nous le présent acte de naissance, après qu'il leur en a été fait lecture. (*Si un des comparans ne sait pas signer, il en sera fait mention.*)

(Suivent les signatures.)

N.º III. *Déclaration de naissance d'un Enfant naturel, faite par le père.*

L'an.... le.... du mois d.... à.... heure du..... par-devant nous.... (*énoncer ici la qualité du fonctionnaire public, s'il est Maire ou Adjoint de Maire, ou s'il les remplace*), Officier de l'état civil de la commune d...., canton d...., département d...., est comparu N.... (*mettre les prénoms, nom, âge, profession et demeure*), lequel nous a déclaré que le...., heure d...., il est né un enfant du sexe masculin (*ou féminin*), qu'il nous présente et auquel il déclare donner le prénom de....., se reconnaissant pour être le père de cet enfant et l'avoir eu de.... (*prénoms, nom, demeure, âge de la mère. Si le père déclare les noms de la mère, il en sera fait mention comme ci-dessus, mais s'il les tait on ne peut le forcer à les déclarer*), lequel enfant est né en la maison sise.... (*désigner la rue, la section ou l'arrondissement*), les présentes déclaration et présentation faites en présence de.... (*prénoms, nom, âge, profession et domicile du premier témoin*) et de.... (*même formalité pour le second témoin*); et ont, les père et témoins, signé avec nous le présent acte de naissance, après qu'il leur en a été fait lecture. (*Si un des comparans ne sait ou ne peut signer, il en est fait mention.*)

N.° IV. *Déclaration de naissance d'un Enfant naturel, faite par toute autre personne que le père, le nom et l'état de la mère étant connus.*

L'an..... le..... du mois d..... à..... heure du...., par-devant nous....... (*énoncer ici la qualité du fonctionnaire public, s'il est Maire ou Adjoint de Maire, ou s'il les remplace*), Officier de l'état civil de la commune d..... canton d..... est comparu N...... (*prénoms, nom, âge, profession, demeure du déclarant*), lequel nous a déclaré que le.... heure de..... la dame ou demoiselle (*prénoms, nom, profession, demeure de la mère*), est accouchée dans la maison (*désigner la maison*) d'un enfant du sexe masculin (*ou féminin*) qu'il nous présente; et auquel (*il ou elle*) donne les prénoms et nom de.... lesdites déclaration et présentation faites en présence de.... (*prénoms, nom, âge, profession, domicile du premier témoin*) et de...... (*même formalité pour le second témoin*), et ont, les déclarant et témoins, signé avec nous le présent acte de naissance après qu'il leur en a été fait lecture. (*Si un des comparans ne sait ou ne peut signer, il en sera fait mention.*)

N.° V. *Déclaration de naissance d'un Enfant naturel faite par un fondé de procuration du père.*

L'an.... le.... du mois d.... à..... heure du.... par-devant nous (*énoncer ici la qualité du fonctionnaire public, s'il est Maire, ou Adjoint de Maire, ou s'il les remplace*), Officier de l'état civil de la commune d...., canton d...., département d...., est comparu N...... (*mettre les prénoms, nom, âge, profession et domicile du déclarant*), lequel en vertu

de la procuration spéciale et authentique du.......
passée à.... le.... du mois d.... au.... par-devant.... notaire à.... enregistrée à.... le.... de
lui paraphée et annexée au présent registre, nous a
déclaré que le...., heure de...., il est né, en la maison de.... (*désigner la maison, la rue, la section
et l'arrondissement*), un enfant naturel du sexe masculin (*ou féminin*), qu'il nous présente, né de....
et auquel enfant il donne les nom et prénoms de....;
lesdites déclaration et présentation faites en présence
de.... (*prénoms, nom, âge et domicile du premier
témoin*) et de.... (*même formalité pour le second
témoin*), et ont, les déclarans et témoins, signé avec
nous le présent acte, après que lecture leur en a été
faite. (*Si un des comparans ne sait ou ne peut signer,
il en sera fait mention.*)

N.º VI. *Déclaration faite au sujet d'un 'Enfant
trouvé.*

L'AN...... le..... du mois d..... à..... heure
du...... par-devant nous (*énoncer ici la qualité du
fonctionnaire public, s'il est Maire ou Adjoint de
Maire, ou s'il les remplace*), Officier de l'état civil de
la commune d.... canton d..... département d.....
est comparu N..... (*prénoms, nom, âge, demeure
et profession*) qui nous a déclaré que le...., heure
de...., étant seul, ou en compagnie d.... (*désigner
les noms, prénoms, etc., de ceux qui étaient présens*),
il (*ou elle*) a trouvé dans la rue, la place ou le lieu
du.... (*désigner avec exactitude la rue, la place ou
le lieu où a été trouvé l'enfant*) un enfant tel qu'il
(*ou elle*) nous le présente emmailloté, ou vêtu des....
(*détailler les vétemens*) ou du linge marqué des lettres
(*ou des chiffres*), après avoir visité l'enfant, avons re-

connu qu'il était du sexe....., qu'il paraissait âgé de (*désigner l'âge apparent, vérifier si l'enfant à quelque marque sur le corps, ou s'il se trouve dans ses vêtemens quelques écrits ou marques à le faire reconnaître ; dans ce cas, désigner ce qu'on lui a trouvé ou exprimer qu'on n'y a rien trouvé*) ; de suite avons inscrit l'enfant sous les nom et prénoms de..... avons ordonné qu'il fut remis à...... de quoi avons dressé procès-verbal en présence de.... et de..... qui ont signé avec nous, après que lecture leur a été faite du contenu au présent procès-verbal.

N.° VII. *Reconnaissance d'Enfant faite par le père ou la mère après l'inscription de l'enfant sur les registres de l'état civil.*

L'an.... le.... du mois d.... à.... heure du...., par-devant nous (*énoncer ici la qualité du fonctionnaire public, s'il est Maire ou Adjoint de Maire, ou s'il les remplace*), Officier de l'état civil de la commune d..... canton d..... département d..... est comparu N.... (*prénoms, nom, âge, profession et domicile*), lequel nous a déclaré qu'il (*ou elle*) se reconnaît père (*ou mère*) d'un enfant du sexe.... qui nous a été présenté le....... et que nous avons inscrit sur les registres de l'état civil sous les noms d..... lequel il (*ou elle*) a eu avec N.... (*nom, prénoms, âge, profession et demeure. Le déclarant est libre de ne pas désigner la personne avec laquelle il a eu l'enfant*), ladite déclaration faite en présence de....... (*prénoms, nom, âge, profession et domicile du premier témoin*) et de (*même formalité pour le second témoin*) ; et ont, les déclarant et témoins, signé avec nous le présent acte. (*Si un des comparans ne sait ou ne peut signer, il en sera fait mention.*)

(Suivent les signatures.)

N.° VIII. *Reconnaissance d'Enfant faite par le père et la mère conjointement.*

L'an.... le.... du mois d.... à.... heure du....
par-devant nous (*annoncer la qualité du fonctionnaire public, s'il est Maire ou Adjoint de Maire, ou
s'il les remplace*), Officier de l'état civil de la commune d..... canton d..... département d..... sont
comparus N.... (*prénoms, nom, etc.*) lesquels ont
déclaré qu'ils se reconnaissent père et mère d'un enfant du sexe..... qui nous a été présenté le..... et
que nous avons inscrit sur les registres de l'état civil sous les
noms de... lequel enfant est né d'eux le...du mois d....
l'an....ladite déclaration faite en présence de...(*prénoms,
nom, âge, etc. du premier témoin*) et de...(*même formalité pour le second témoin*); et ont, les père, mère et
témoins, signé avec nous le présent acte, après qu'il
leur en a été fait lecture. (*Si un des comparans ne
sait ou ne peut signer, il en sera fait mention.*)

N.° IX. *Procès-verbal de transcription d'un Acte
de naissance d'un enfant né pendant un voyage
sur mer.*

L'an..... (*date des jour, mois et heure*), nous
(*qualité du fonctionnaire*), Officier de l'état civil de
la commune d..... avons reçu de Son Excellence le
Ministre de la marine et des colonies, une expédition
de l'acte de naissance de..... (*prénoms, nom de
l'enfant*), fils ou fille de..... (*prénoms, noms,
profession et domicile des père et mère*); en conséquence et en conformité des dispositions de l'article 60
du Code civil, nous avons transcrit de suite sur les

deux registres le contenu en ladite expédition qui demeurera annexée au registre qui doit être déposé au greffe du tribunal; de quoi nous avons dressé le présent acte que nous avons signé sur les deux registres, lesdits jour, mois et an.

N.° X. *Modèle d'inscription de l'Acte d'adoption sur le Registre des Naissances.*

L'an...... le..... du mois d..... à..... heure du..... par−devant nous (*qualité du fonctionnaire*), Officier de l'état civil de la commune d....... canton d...... département d...... est comparu N......, (*prénoms, nom, âge, profession et domicile de l'adoptant ou de l'adopté qui requiert*), lequel nous a représenté l'expédition d'un arrêt de la Cour royale de... en date du... confirmatif d'un jugement du tribunal de première instance d..... en date du..... portant homologation de l'acte passé devant le juge de paix du canton d....... le...... par lequel N...... (*prénoms, nom de l'adoptant*) déclare adopter N..... (*prénoms, nom de l'adopté*) et qu'il nous requiert d'inscrire sur les registres de l'état civil. Faisant droit à sa réquisition, nous, Officier de l'état civil, après avoir pris lecture de l'arrêt de la Cour royale d..... et nous être assuré qu'il ne s'est pas écoulé trois mois depuis le jour où il a été rendu, et nulle opposition ne nous étant parvenue, nous avons reçu la susdite déclaration, et avons dressé le présent acte, qui a été transcrit sur les deux registres, à la suite dudit arrêt, et signé par nous, et le requérant après lecture faite, lesdits jour, mois et an que dessus. (*Si le requérant ne sait ou ne peut signer, il en sera fait mention.*)

(Suivent les signatures.)

FORMULES D'ACTES DE MARIAGE ET MODÈLES QUI S'Y RAP-
PORTENT.

N.° Ier *Formules de Publications de Mariage entre Majeurs.*

L'an....., le..... dimanche du mois d..... nous (*qualité du fonctionnaire*), Officier de l'état civil de la commune d........ canton d........ département d........ après nous être transporté devant la principale porte d'entrée de la maison commune, à l'heure de..... avons annoncé et publié, pour la première fois (*si c'est pour la seconde publication*, pour la seconde publication), qu'il y a promesse de mariage entre (*prénoms, nom, âge, profession, domicile de l'homme*), majeur, fils de (*prénoms, nom, profession et domicile du père*), et de (*même formalité pour la mère*) (*s'il est veuf ou divorcé, il sera fait mention de son précédent mariage*); et D.^{lle} (*prénoms, nom, âge, profession et demeure*), fille majeure, née de (*prénoms, noms, professions et domicile des père et mère*); laquelle publication, lue à haute et intelligible voix, a été de suite affichée à la porte de la maison commune. De quoi nous avons dressé acte.

(Signature seule du fonctionnaire.)

N.° II. *Formule de Publications pour des Mineurs assistés de leurs pères et mères.*

L'an...., le.... dimanche du mois d..... nous (*qualité du fonctionnaire*), Officier de l'état civil de la commune d.......... canton d.......... département d........, après nous être transporté devant la principale porte d'entrée de la maison commune, à l'heure de......... avons annoncé et publié pour la première fois (*si c'est la seconde publication*, pour la seconde publication), qu'il y a promesse de mariage entre (*prénoms, nom, âge, profession et domicile de l'homme*), mineur, assisté de (*prénoms, nom, âge, domicile et profession*) son père, et de (*même formalité*) sa mère; (*s'il n'y a que le père présent, il ne sera fait mention que de lui; si le père était décédé, l'Officier de l'état civil se fera représenter l'acte de décès et en fera mention; si le père et la mère sont décédés, et que l'aïeul ou l'aïeule soient encore vivans, il sera fait mention du consentement de ceux-ci; il en sera de même si les époux ne sont assistés que par des tuteurs*); et demoiselle (*prénoms, nom, âge, profession et domicile*), fille de.... (*même formalité pour les parens de la future épouse*); laquelle publication, lue à haute et intelligible voix, a été de suite affichée à la porte de la maison commune. De quoi nous avons dressé acte.

(Signature du fonctionnaire.)

N.° III. *Modèle de l'Affiche, par extrait, de l'Acte de publications de Mariage.*

Mairie de...

Extrait du registre des publications de mariage.

Entre.... (*prénoms, nom, âge, profession et demeure*), majeur, fils de (*prénoms, noms, professions et demeure de ses père et mère; et les mêmes énonciations de qualités que celles contenues dans les actes de publications*);

Et..... (*prénoms, nom, âge, profession et demeure de la future*), majeure, fille de.... (*prénoms, noms, professions et domicile de ses père et mère.*)

(Suit la signature de l'Officier de l'état civil.)

N.° IV. *Formule de la mention d'opposition au Mariage, qui doit être faite sur le Registre des publications.*

Par exploit de..... huissier à..... en date du..... il a été, à la requête de (*prénoms, noms, professions et domiciles des opposans*), formé opposition a la célébration du mariage projeté entre (*prénoms, noms, professions et domiciles des parties qui ont l'intention de contracter mariage*).

La présente mention sommaire faite par nous N.... Officier de l'état civil, en conformité de l'art. 67 du Code civil, ce.... heure de...., dont acte.

(Signature.)

N.° V. *Formule de la mention de la Main-levée de l'opposition, obtenue soit par un acte notarié, soit par un jugement, et qui doit être faite en marge de l'inscription de l'opposition.*

Par acte reçu N..... notaire à..... (*ou par jugement rendu par le tribunal civil de....*), sous la date du........ il a été donné main−levée de l'opposition formée par exploit de.... huissier à.... par (*prénoms, noms, professions et domiciles des opposans*) au mariage projeté entre (*noms, prénoms, professions et domiciles des futurs contractans*).

La présente mention sommaire faite par nous....... Officier de l'état civil, conformément à l'art. 67 du Code civil, ce.... heure de.... dont acte.

(Signature.)

N.° VI. *Formule de visa au bas de l'original d'un Acte d'opposition au Mariage.*

Vu par nous soussigné, Officier de l'état civil de la

commune d......en conformité de l'article 66 du Code civil, le présent original d'exploit d'opposition, dont la copie m'a été signifiée, à..... ce..... 18.....

(Signature de l'Officier de l'état civil.)

N.° VII. *Modèle d'un certificat attestant qu'il n'existe point d'Opposition.*

Nous N..... Officier de l'état civil de la commune d.....certifions que le dimanche..... heure de..... nous avons fait devant la porte de la maison commune d.... la première publication de mariage entre N.... (*prénoms, nom, âge, profession et domicile du futur*), fils de N.... (*prénoms, nom et domicile du père*), et de N.... (*prénoms, nom et domicile de la mère*), et demoiselle N.... (*prénoms, nom, âge, profession et domicile de la future*); que pareilles publications ont été faites dans les mêmes formes, pour la seconde fois, le dimanche.... heure de... et qu'il n'est survenu aucune opposition au mariage projeté. En foi de quoi nous avons délivré le présent certificat.

Fait à la mairie de la commune d.... le.... 18....

(Suit la signature de l'Officier de l'état civil.)

N.° VIII. *Formule de l'Acte de Mariage entre Majeurs dont les pères et mères sont consentans ou décédés.*

L'an (*date des jour, mois et heure*) par-devant nous (*qualité du fonctionnaire public*), Officier de l'état civil de la commune d..... canton d..... département d.... sont comparus en notre maison commune, N..... (*prénoms, nom, âge, lieu de naissance, profession et domicile du futur*), majeur, fils d.... (*nom, prénoms, profession et domicile du père*) ci-présent et consentant *ou bien*, consentant ainsi qu'il résulte de sa procuration passée à.... le.... devant N.... notaire, laquelle sera annexée au présent acte. *Si le père est mort, mettre*: décédé à... le... comme il est constaté par l'acte de décès délivré à.... le.... ou par acte de notoriété dressé à.... par le juge de paix, le..... et homologué par le président du tribunal de première instance séant à.... et de N.... (*prénoms, nom de la mère. En cas de décès du père, mentionner de la même manière le consentement ou le décès de la mère*), et N.... (*nom, prénoms, âge, lieu de naissance, profession et domicile de la future*), fille majeure de N.... et de N.... (*noms, prénoms, etc. du père et de la mère de la future, avec les énonciations et distinctions indiquées ci-dessus pour les père et mère du futur*); lesquels nous ont requis de procéder à la célébration du mariage projeté entre eux, et dont les publications ont été faites devant la principale porte de notre maison commune; savoir: la première le.... du mois d.... de l'an.... à l'heure de.... et la seconde le..... du mois d..... de l'an...... à l'heure de.... (*s'il a été fait des publications en d'autres lieux que dans la commune où se célèbre le mariage, il en sera fait mention*). Aucune opposition audit mariage ne nous ayant été signifiée, faisant droit à leur réquisition; après avoir donné lecture de toutes les pièces ci-dessus mentionnées, et du chapitre VI du titre du Code civil, intitulé: *du Mariage*, avons demandé au futur époux et à la future épouse s'ils veulent se prendre pour mari et pour femme, chacun d'eux ayant répondu séparément et affirmativement, déclarons, au nom de la loi, que N... et N... sont unis par le mariage; de quoi avons dressé acte, en présence de.... (*prénoms, nom, âge et domicile du premier témoin*) et de... (*même formalité pour le second, le troisième et le quatrième témoin; si les témoins sont parens, il sera fait mention du degré de parenté et dequel côté les époux sont parens ou alliés*), lesquels, après qu'il leur en a été donné lecture, l'ont signé avec nous et les parties contractantes.

(*Nota.* Si quelques-uns des comparans ne savent ou ne peuvent signer, il faut mettre : *et après leur en avoir donné lecture, nous l'avons signé avec* (désigner les signataires), *les autres n'ayant pu ou su le signer, de ce enquis, lesdits jour, mois et an.*

N.° IX. *Formule de Célébration pour des Mineurs assistés de leurs pères et mères, ou de l'un d'eux.*

L'an, etc., sont comparus en notre maison commune N.... (*prénoms, nom, âge, lieu de naissance, profession et domicile du futur*), fils mineur assisté de... (*prénoms, noms, profession et domicile de ses père et mère*), tous les deux consentans, et de N... sa mère, aussi consentans. *Si le père de l'un des deux époux est mort, on mettra* : assisté de N...sa mère seulement, son père étant décédé comme il est constaté par son acte de décès délivré à.... le... ou par acte de notoriété dressé à... par le juge de paix de... et homologué par le président du tribunal civil de première instance séant à....; lesquels nous ont requis de procéder à la célébration du mariage projeté entre eux, et dont les publications ont été faites devant la principale porte de notre maison commune; savoir : la première le,... du mois d.... l'an.... à l'heure de.... et la seconde le.... (*s'il a été fait des publications dans d'autres lieux que dans la commune où se célèbre le mariage, il en devra être fait mention*); aucune opposition audit mariage ne nous ayant été signifiée, faisant droit à leur réquisition ; après avoir donné lecture de toutes les pièces ci-dessus mentionnées, et du chapitre VI du titre *du Mariage*, avons demandé au futur époux et à la future épouse s'ils veulent se prendre pour mari et femme : chacun d'eux ayant répondu séparement et affirmativement ; déclarons au nom de la loi, que N.... et N.... sont unis par le mariage ; de tout ce avons dressé acte, en présence de.... (*prénoms, noms,* etc. *des quatre témoins. Si les témoins sont parens il sera fait mention du degré de parenté et duquel des époux ils sont parens ou alliés*) lesquels, après qu'il leur en a été donné lecture, l'ont signé avec les parties contractantes. (*Si l'une ou plusieurs des parties ne peuvent signer, il en sera fait mention.*)

(Suivent les signatures.)

N.° X. *Formule de Célébration de Mariage pour un Mineur né de parens inconnus.*

L'an, etc. sont comparus en notre maison commune, N...., (*indiquer autant qu'on pourra le savoir les prénoms, nom âge, lieu de naissance, profession et domicile du futur*), fils mineur de parens inconnus, suivant son acte de naissance, inscrit sur le registre de la commune d..... le.... accompagné de N..... nommé par jugement du.... du mois d.... de l'an.... par le tribunal de première instance d..... département d..... tuteur, pour assister ledit mineur dans la célébration de son mariage, et N..... (*prénoms, nom, âge, lieu de naissance, profession et domicile de la future*), assistée de N.... et N..... (*prénoms, noms, professions et domiciles*), ses père et mère consentans, lesquels nous ont requis de procéder au mariage projeté entre eux, et dont les publications ont été faites

devant la principale porte de notre maison commune ;
savoir : la première le...., du mois d..... l'an....
à l'heure de.... et la seconde le.... (*s'il a été fait
des publications dans d'autres lieux que dans la commune où se célèbre le mariage, il en devra être fait
mention*) ; aucune opposition audit mariage ne nous ayant
été signifiée, faisant droit à leur réquisition, après avoir
donné lecture de toutes les pièces ci-dessus mentionnées,
et du chapitre **VI** du titre du Code civil, intitulé *du
Mariage*, avons demandé au futur époux et à la future épouse s'ils veulent se prendre pour mari et femme ;
chacun d'eux ayant répondu séparément et affirmativement, déclarons, au nom de la loi, que N..... et
N.... sont unis par le mariage ; de tout ce avons dressé
acte en présence de.... (*prénoms, noms*, etc. *des
quatre témoins. Si les témoins sont parens, il sera fait
mention du degré de parenté, et duquel des époux ils
sont parens ou alliés*), lesquels, après qu'il leur en a été
fait lecture, l'ont signé avec nous et les parties contractantes.

N.° XI. *Formule de Célébration de mariage pour
lequel il n'a été fait qu'une publication, en vertu
d'une dispense.*

L'an, etc., sont comparus en notre maison commune,
N...(*prénoms, nom, âge, lieu de naissance, profession
et domicile du futur*), fils majeur ou mineur de...(*noms,
prénoms, profession et domicile des père et mère*),
consentans et N.... (*nom, prénoms, âge, lieu de
naissance, profession et domicile de la future*), fille
majeure ou mineure de.... (*mettre les énonciations
ordinaires comme dans les formules précédentes*), lesquels nous ont requis de procéder à la célébration du
mariage projeté entre eux, et dont la première publi-

cation a été faite devant la principale porte de notre maison commune le.... du mois de.... l'an.... à l'heure de.... et dont la seconde n'a pas eu lieu, en vertu de la dispense délivrée, au nom de Sa Majesté, par le Procureur du Roi près le tribunal de première instance de l'arrondissement d.... laquelle dispense nous ayant été présentée est restée déposée au secrétariat de la commune; aucune opposition audit mariage ne nous ayant été signifiée, faisant droit à leur réquisition, après avoir donné lecture de toutes les pièces, et du chapitre VI du titre du Code civil intitulé *du Mariage*, avons demandé au futur époux et à la future épouse s'ils veulent se prendre pour mari et pour femme, chacun d'eux ayant répondu séparément et affirmativement, déclarons au nom de la loi, que N..... et N.... sont unis par le mariage; de tout ce avons dressé acte, en présence de.... (*noms, prénoms, ages, domiciles, des témoins. Si les témoins sont parens, il sera fait mention du degré de parenté, et duquel des époux ils sont parens ou alliés*), lesquels, après qu'il leur en a été donné lecture, l'ont signé avec nous et les parties contractantes.

N.° XII. *Formule de Célébration de mariage pour des majeurs qui ont adressé des Actes respectueux à leurs ascendans.*

L'an..... etc... est comparu en notre maison commune N... (*prénoms, nom, âge, profession, lieu de naissance et domicile du futur*), majeur, fils de N... et de N.... lequel nous ayant exhibé l'acte respectueux, fait le.... du mois d.... an... par... notaire, adressé à... et le second, fait le... du mois d... an... par... notaire adressé à.... (*mettre le nom de l'ascendant, et s'il est père, aïeul ou bisaïeul*); est aussi comparu N.... (*prénoms, nom, âge, lieu de naissance, domicile de la future*), assistée de.... et de.... (*son père, sa mère, ou l'ascendant, ou le tuteur qui l'assistera; ou, s'il y a eu des actes respectueux, en faire mention dans les mêmes termes que ceux du futur époux*); lesquels nous ont requis de procéder à la célébration du mariage projeté entre eux, et dont les publications ont été faites devant la principale porte de notre maison commune; savoir: la première le.... et la seconde le..... à l'heure de..... nous (*qualité du fonctionnaire public*), Officier de l'état civil de la commune d..... vu les actes respectueux mentionnés ci-dessus, desquels il résulte que les formalités requises par la loi ont été remplies, et que les délais sont expirés, faisant droit à ladite réquisition, après avoir donné lecture aux parties contractantes et aux quatre témoins ci-dessous dénommés, des actes ci-dessus relatés et du chapitre VI du titre du Code civil, intitulé *du Mariage*, faisant droit aux réquisitions des parties, avons demandé au futur et à la future épouse s'ils veulent se prendre pour mari et pour femme; chacun d'eux ayant répondu séparément et affirmativement, déclarons au nom de la loi, que N..... et N.... sont unis par le mariage; de tout ce avons dressé acte en présence de.... (*noms, prénoms, âges, professions et domiciles des témoins. Si les témoins sont parens, il sera fait mention du degré de parenté, et duquel des époux ils sont parens ou alliés*); lesquels, après qu'il leur en a été donné lecture, ont signé avec nous et les parties contractantes.

N.° XIII. *Formule d'Acte de mariage à la célébration duquel sera survenue quelque opposition,*

dont la main-levée aura été obtenue, soit par con-
sentement, soit autrement.

L'an..... le..... etc., sont comparus en notre maison commune N..... (*prénoms, nom, âge, profes-*
sion, lieu de naissance et domicile du futur), fils majeur de..... (*prénoms, noms, âges, professions et*
domicile des père et mère du futur), d'une part et N...
(*prénoms, nom, âge, profession, lieu de naissance*
et domicile de la future), fille majeure de..... (*pré-*
noms, noms, âges, profession et domicile des père
et mère), d'autre part ; lesquels nous ont requis de procéder à la célébration de leur mariage, dont les publications ont été faites devant la principale porte de notre
maison commune ; savoir : la première le..... et la seconde le..... faisant droit auxdites réquisitions, et vu
l'opposition à nous signifiée par.... huissier près le tribunal d..... au nom d..... ou d..... (*prénoms,*
profession et domicile de l'opposant), par laquelle il
(ou *elle*) nous déclare s'opposer à ce qu'il soit procédé
à la célébration du mariage d..... laquelle a été levée
par acte du..... passé devant M.ᵉ..... notaire (*ou si*
l'opposition a été levée par jugement), a été levée par
jugement du tribunal de..... en date du........
signifiée à nous le........ par N........ huissier ; et nulle autre opposition n'étant survenue audit
mariage, après avoir donné lecture, et aux témoins et
aux parties, de toutes les pièces ci-dessus mentionnées,
et du chapitre VI du titre du Code civil, intitulé *du*
Mariage, avons demandé au futur époux et à la future
épouse s'ils veulent se prendre pour mari et pour femme ;
chacun d'eux ayant répondu séparément et affirmativement, déclarons au nom de la loi, que N.... et N....
sont unis par le mariage ; de tout ce avons dressé acte,
en présence d...... (*noms, prénoms, âges, professions*

et domiciles des quatre témoins. Si les témoins sont parens, il sera fait mention du degré de parenté, et duquel des deux époux ils sont parens ou alliés), lesquels ont signé **avec** nous et les parties contractantes, après lecture faite.

N.° XIV. *Formule de Mariage à la suite duquel est faite la reconnaissance d'Enfant né précédemment.*

L'an, etc. sont comparus en notre maison commune, N..... (*prénoms, nom, âge, profession, etc. du futur*), fils majeur de... (*noms, prénoms, âges, professions et domicile des père et mère*), et N..... (*nom, prénoms, âge, lieu de naissance, profession et domicile de la future*), fille majeure de N... et de N... ses père et mère (*mettre les énonciations ordinaires, comme dans les formules précédentes, et selon les espèces auxquelles elles s'appliqueront*); lesquels nous ont requis de procéder à la célébration du mariage projeté entre eux, et dont les publications ont été faites devant la principale porte de la maison commune ; savoir : la première le.... du mois d..... de l'an.... à l'heure de..... et la seconde, le.... (*S'il a été fait des publications en d'autres lieux que dans la commune où se célèbre le mariage, il en doit être fait mention*); aucune opposition audit mariage ne nous ayant été signifiée, faisant droit à leur réquisition, après avoir donné lecture de toutes les pièces ci-dessus mentionnées et du chapitre VI du titre du Code civil, intitulé *du Mariage*, avons demandé au futur époux et à la future épouse, s'ils veulent se prendre pour mari et pour femme ; chacun d'eux ayant répondu séparément et affirmativement, déclarons au nom de la loi, que N.... et N..... sont unis par le mariage, et aussitôt lesdits époux ont déclaré qu'il est né d'eux , un (*ou des enfans*) inscrits sur les registres de l'état civil de la commune d.. .. en date du..... et sous le *ou* les noms de..... lequel (*ou laquelle ou lesquelles*), ils reconnaissent pour leur fils (*ou leur fille ou filles*); de tout ce avons dressé acte en présence de.... (*Noms, prénoms, âges, professions et domiciles des témoins*). *Si les témoins sont parens, il sera fait mention du degré de parenté, et auquel des époux ils sont parens ou alliés*), lesquels, après qu'il leur en a été donné lecture, ont signé avec nous et les parties contractantes.

N.° XV. *Formule de Mariage contracté avec dispense de degrés.*

L'an, etc., est comparu en notre maison commune N..... (*prénoms, nom, âge, profession, lieu de naissance et domicile du futur*), fils majeur de..... (*noms, prénoms, profession, etc., des père et mère*), lequel nous a déclaré qu'il est dans l'intention de s'unir en mariage avec N... sa nièce ou tante, avec l'autorisation de la dispense de degré que lui a accordée Sa Majesté, le.. enregistrée au greffe du tribunal de première instance de l'arrondissement d..... et dont il nous a présenté une expédition délivrée par le greffier dudit tribunal, le.... est aussi comparue N... (*prénoms, nom, âge, lieu de naissance, profession et domicile de la future*), fille majeure de.... (*noms, prénoms, profession et domicile des père et mère*); laquelle nous a déclaré qu'elle est dans l'intention de s'unir en mariage avec N.... en vertu de la dispense de degrés ci-dessus mentionnée; lesquels nous ont requis de procéder à la célébration du mariage projeté entre eux et dont les publications ont été faites à la principale porte de notre maison commune; savoir :

la première le.... du mois d.... de l'an... à l'heure de... et la seconde le.... (*s'il a été fait des publications en d'autres lieux que dans la commune où se célèbre le mariage, il en devra être fait mention*); aucune opposition audit mariage ne nous ayant été signifiée, faisant droit à leur réquisition, après avoir donné lecture de toutes les pièces ci-dessus mentionnées, et du chapitre VI du titre du Code civil, intitulé *du Mariage*, avons demandé au futur époux et à la future épouse, s'ils veulent se prendre pour mari et pour femme ; et chacun d'eux ayant répondu affirmativement, déclarons au nom de la loi, que N... et N... sont unis par le mariage ; de tout ce avons dressé acte, en présence de... (*noms, prénoms, âges et domiciles des témoins*). *Si les témoins sont parens, ou alliés, il sera fait mention du degré de parenté, et duquel des époux ils sont parens, ou alliés*, lesquels, après qu'il leur en a été donné lecture, ont signé avec nous et les parties contractantes.

N.º XVI. *Formule de l'Acte de mariage lorsque l'un des époux ne peut se procurer son Acte de naissance, et lorsqu'il ne peut produire les Actes de décès de ses père et mère.*

L'an..... le.... etc., se sont présentés en notre maison commune, N..... (*prénoms, nom, lieu de naissance, profession et domicile du futur*), âgé d'environ.... fils de..... (*prénoms, noms, profession et lieu de naissance des père et mère du futur*), d'une part, et N... (*prénoms, nom, âge, profession, lieu de naissance et domicile de la future*), lesquels, assistés de... (*noms, prénoms, âges, professions et domiciles des témoins, indiquer s'ils sont parens et à quel degré*), qu'ils produisent pour témoins et sous l'autorisation et

consentement de.... savoir : le futur de.... (*prénoms,
noms, âges, profession et domicile de ses aïeul et aïeule*),
et la future de..... (*prénoms, noms, âges, profession
et domicile de ses père et mère*), nous ont requis de
célébrer leur mariage dont les publications ont été faites
à la principale porte de notre maison commune ; la première le..... à l'heure de..... et la seconde le....
Aucune opposition audit mariage ne nous ayant été signifiée, et vu 1.° un acte de notoriété du futur reçu par...
(*prénoms et nom du fonctionnaire qui l'a dressé*), duquel
il résulte que ledit (*prénoms et nom du futur*), ne peut produire son acte de naissance ; 2.° le jugement d'homologation
rendu par le tribunal de..... le..... lesquels actes et
jugemens, paraphés par le futur (*si cela est possible*) et
par nous, demeureront annexés au présent registre ; faisant
droit auxdites réquisitions, et après avoir donné lecture
de toutes les pièces ci-dessus mentionnées et du chapitre
VI du titre du Code civil, intitulé *du Mariage* ; et les
aïeul et aïeule du futur nous ayant attesté, conformément
à l'article premier de l'avis du Conseil d'état, du 27
Messidor an XIII, que les père et mère du futur époux
sont décédés, avons demandé au futur époux et à la
future épouse s'ils veulent se prendre pour mari et pour
femme, chacun d'eux ayant répondu affirmativement
déclarons au nom de la loi.... (*terminer comme les
autres formules*).

N.° XVII. *Formule de l'Acte de mariage lorsque le
futur époux ne peut se procurer les Actes de décès
de ses père, mère, aïeul et aïeule.*

L'an..... le..... etc. (*suivre les formules précédentes*), après lecture faite de toutes les pièces ci-
dessus mentionnées et du chapitre VI au titre du *Mariage*, sur les droits et devoirs des époux, ayant

interpellé, conformément aux dispositions de l'article 2 de l'avis du Conseil d'état, du 27 Messidor **an XIII**, le futur de nous déclarer, par serment, que le lieu du décès de ses père, mère, aïeul et aïeule, et celui de leur dernier domicile, lui sont inconnus; il nous a affirmé par serment n'en avoir aucune connaissance, et après avoir fait la même interpellation aux témoins, et ceux-ci ayant affirmé par serment connaître le futur, mais ignorer le lieu du décès de ses ascendans et leur dernier domicile, nous avons demandé au futur époux et à la future épouse s'ils veulent se prendre pour mari et pour femme (*continuer et suivre comme aux précédentes formules*).

N.° XVIII. *Modèle du Certificat délivré pour les cérémonies religieuses du Mariage.*

Nous N..... maire de la commune d..... certifions, à tous ceux qu'il appartiendra, que N.... (*noms, prénoms, professions, âges et domicile des époux*) ont contracté mariage entre eux, devant nous, en notre maison commune, le..... en foi de quoi nous avons délivré le présent pour servir et valoir ce que de raison.

Fait à la mairie de la commune d..... le..... 18....

(Signature.)

(Ce certificat est assujetti au timbre de 25 centimes.)

FORMULES D'ACTES DE DÉCÈS ET AUTRES MODÈLES Y RELATIFS.

N.° Ier *Formule de l'Acte ordinaire de Décès.*

L'AN...... le..... du mois d..... à..... heure du...... par—devant nous (*qualité du fonctionnaire public*), Officier de l'état civil de la commune d..... canton d...... département d...... sont comparus N..... (*prénoms, noms, âges, professions et do-miciles des deux témoins déclarans, avec mention s'ils sont parens ou voisins du défunt*); lesquels nous ont déclaré que, le.... du mois d.... à.... heure du..., N..... (*nom, prénoms, âge, profession et domicile du décédé; s'il était garçon, marié, veuf ou divorcé; mettre, s'il se peut, les noms, prénoms, profession et domicile de ses père et mère*) est décédé en sa maison (*ou autre lieu qu'il faut bien désigner*), ainsi que nous nous en sommes assuré; et les déclarans ont signé avec nous le présent acte après que lecture leur en a été faite.

(Suivent les signatures.)

Si un des comparans ne sait ou ne peut signer, il en est fait mention.

Cette mention peut se faire en ces termes : *que nous avons signé avec....* (nommer le signataire), *l'autre n'ayant pu ou su le faire de ce enquis.*

Si les deux témoins comparans ne peuvent ou ne savent signer, on peut le mentionner en ces termes : *que nous avons signé en présence des deux témoins, aucun d'eux n'ayant pu ou su le faire.* (Exprimer la cause de l'em-pêchement.)

N.º II. *Formule d'Acte de Présentation d'un Enfant sans vie, dont la naissance n'a pas été enregistrée.*

L'an..... le..... du mois d...... à...... heure du.... par-devant nous (*qualité du fonctionnaire*), Officier de l'état civil de la commune d...... canton d...... département d...... sont comparus N..... et N..... (*prénoms, noms, âges, professions et domiciles des deux témoins déclarans, avec mention s'ils sont parens ou voisins du défunt*); lesquels nous ont présenté un enfant sans vie, du sexe (*masculin ou féminin*), et nous ont déclaré que les père et mère de cet enfant sont (*leurs prénoms, noms, profession et demeure*), et que c'est le...... jour du mois d...... an..... à..... heure du..... auxquels l'enfant est sorti du sein de sa mère; et les déclarans ont signé avec nous le présent acte, après que lecture leur en a été faite. (*Si les déclarans ou l'un d'eux ne savent ou ne peuvent signer, il en est fait mention.*)

(Suivent les signatures.)

(Cet acte doit être inscrit à *sa date sur le Registre des décès*. Voyez le décret du 4 Juillet 1807.)

N.º III. *Modèle d'Acte de Décès, lorsque l'évènement a lieu dans une maison publique ou dans un hôpital civil ou militaire.*

Aujourd'hui (*date des jour, mois et an*), nous (*prénoms, nom de l'Officier de l'état civil*), Officier de l'état civil de la commune d...... canton d..... département d..... sur l'avis qui nous a été donné par (*nom du supérieur ou administrateur qui a donné l'avis du décès, avec sa qualité*), que (*prénoms, nom, âge, profession, domicile, lieu de naissance du défunt*), habitant (*ou déposé provisoirement*) en ladite maison, y est décédé, ce jour, à (*date de l'heure*); nous étant transporté au lieu qui nous a été indiqué, avons reconnu que ledit N......... (*prénoms, nom du défunt*) est réellement décédé; et, après avoir fait inscrire ce décès sur le registre tenu à cet effet dans ladite maison, nous avons, en présence de (*prénoms, noms, âges, professions et domiciles des deux témoins déclarans*), dressé et transcrit le présent acte sur les deux registres de l'état civil de la commune, que nous avons signé avec les deux témoins susdits, après lecture faite, lesdits jour, mois et an.

(Suivent les signatures.)

N.° IV. *Modèle d'Acte de Décès dans les cas de mort violente ou dans les prisons, et d'exécution à mort.*

Aujourd'hui (*date des jour, mois, an et heure*) pardevant nous (*prénoms, nom de l'Officier de l'état civil*), Officier de l'état civil de la ville d...... département d...... se sont présentés (*prénoms, noms, âges, professions des deux témoins déclarans*), lesquels nous ont déclaré que (*prénoms, nom, âge, profession, domicile et lieu de naissance du défunt*), est décédé en ce jour, en cette ville, à (*date de l'heure*). Sur quoi, nous, Officier de l'état civil, après avoir pris les renseignemens nécessaires sur l'individu décédé, et nous être assuré de son décès, avons dressé le présent acte, que nous avons transcrit et signé sur les deux registres, avec les témoins, après lecture faite, lesdits jour, mois et an.

(Suivent les signatures.)

N.º V. *Modèle de l'Acte de Décès de celui qui doit être enterré sur sa propriété.*

(Voyez les articles 1 et 14 du décret du 23 Prairial an XII — 12 Juin 1804, pages 111 et 113 de cet ouvrage.)

L'an...... le...... du mois d...... à..... heure du..... par – devant nous (*qualité du fonctionnaire*), Officier de l'état civil de la commune d...... canton d...... département d..... sont comparus N..... et N..... (*prénoms, noms, âges, professions et domiciles des deux témoins déclarans, avec mention s'ils sont parens ou voisins du défunt*); lesquels nous ont déclaré que, le...... du mois d...... à...... heure du..... N..... (*nom, prénoms, âge, profession et domicile du décédé; s'il était garçon, marié, veuf ou divorcé; mettre, s'il se peut, les noms, prénoms, profession et domicile de ses père et mère*) est décédé en sa maison (*ou autre lieu qu'il faut bien désigner*), ainsi que nous nous en sommes assuré; et lesdits N... et N... témoins (*ou parens du décédé*), ont en outre déclaré que les intentions dudit défunt ont été d'être enterré dans sa propriété, appellée..... située commune d.... canton d..... département d..... distante d..... de la commune d......; et les déclarans ont signé avec nous le présent acte, après que lecture leur en a été faite.

(Suivent les signatures.)

N.º VI. *Modèle du Procès–verbal de l'état du corps.*

L'an..... le..... du mois d...... à...... heure du..... nous N.... (*qualité du fonctionnaire public*), maire de la commune d..... canton d..... département d...... déclarons qu'à la réquisition du (*ou des sieurs*) N..., N.... (*fils, gendres, frères ou sœurs, maris ou femmes*) d..... (*prénoms, nom du décédé*), dont le décès a été constaté cejourd'hui (*ou hier*), par moi, en qualité d'Officier de l'état civil, et inscrit sur le registre des décès de ladite commune, je lui (*ou leur*) ai remis le corps du défunt, qu'il est (*ou qu'ils sont*) dans l'intention de faire transporter dans la commune d..... canton d..... arrondissement d...... département d..... à la charge par lui (*ou par eux*) de le représenter au Maire de ladite commune, auquel nous allons adresser une expédition du présent procès-verbal, que les réclamans ont signé avec nous.

(Suivent les signatures.)

N.° VII. *Modèle du Passe-Port pour le transport du Corps.*

Nous N..... maire de la commune d..... canton d...... arrondissement d...... département d...... attestons à qui il appartiendra, que N...... voiturier, demeurant à..... est comparu cejourd'hui devant nous pour conduire et transporter, en exécution de notre procès-verbal dressé le...., le corps de défunt (*les prénoms, nom du décédé*), décédé en cette commune, le..... en conséquence nous lui avons fait la remise dudit corps, à la charge par lui de le représenter au Maire de la commune d..... canton d..... arrondissement d...... département d...... Nous invitons les autorités civiles et militaires à laisser passer librement ledit N......, même à lui donner, en cas de besoin, aide et protection ; et a, ledit N..... signé avec nous le présent passe-port (*ou a déclaré ne savoir signer*).

(Suivent les signatures.)

N.° VIII. *Acte de Décès d'une personne inconnue.*

L'an, etc... sont comparus, etc... lesquels nous ont déclaré qu'un individu à eux inconnu, du sexe... paraissant âgé de... (*désigner les vêtemens dont la personne décédée était couverte, ainsi que les papiers qui ont pu être trouvés sur elle*), est décédé *ou a été trouvé mort le*.... à l'heure de... (*indiquer le lieu du décès*). Sur quoi, nous, etc. (*terminer comme dans l'acte n° IV, page 172*).

(Suivent les Signatures.)

FORMULE DU CERTIFICAT DE DÉPOT DES REGISTRES.

Je soussigné (*qualité du fonctionnaire*), reconnais que N...... en sa qualité d'Officier de l'état civil de la commune d..... m'a aujourd'hui déposé, 1.° les doubles de chacun des trois registres par lui tenus dans le courant de l'année 18....., l'un des naissances, le second des mariages, et le troisième des décès de ladite commune; 2.° le registre des publications de mariage; lesdits quatre registres cotés et paraphés à chaque page, par première et dernière, par M. le Président dudit tribunal. Fait à..... le..... 18...

(Suit la signature.)

———————

Les Formules qui précèdent sont, pour la plupart et à quelques corrections près, celles qui ont été adressées, le 25 Fructidor an XII, aux Officiers de l'état civil. MM. les Maires ne sont point tenus d'en suivre textuellement la rédaction; il leur est loisible, s'ils le jugent convenable, d'en adopter une toute autre, pourvu cependant qu'elle soit conforme aux régles et indications prescrites par le Code.

Nous ne nous sommes point occupé des actes *d'engagemens volontaires*, reçus par les Officiers de l'état civil. Nous nous bornerons, sur cette matière, à renvoyer
MM. les Maires à la loi du 10 Mars 1818, sur le re-
crutement de l'armée (N.° 200 du *Bul. des Lois*, page
121), ainsi qu'à l'instruction donnée en exécution de
cette loi, le 10 Mars 1818 (*Bul.* N.° 215, page 421),
où ils trouveront des modèles d'actes d'engagemens.

FIN.

Table.

SECONDE PARTIE.

LOIS, DÉCRETS, RELATIFS A L'ÉTAT CIVIL.

TROISIÈME PARTIE.

FORMULES ET MODÈLES D'ACTES DE L'ÉTAT CIVIL.

FORMULES D'ACTES DE NAISSANCE.

FORMULES D'ACTES DE MARIAGE, etc.

FORMULES D'ACTES DE DÉCÈS ET AUTRES MODÈLES Y RELATIFS.

FIN DE LA TABLE.

www.ingramcontent.com/pod-product-compliance
Ingram Content Group UK Ltd.
Pitfield, Milton Keynes, MK11 3LW, UK
UKHW021930070726
13614UKWH00001B/352